DEN ENGELN AUF DER SPUR

UNSICHTBAR DURCH UNSERE STADT

DEN ENGELN AUF DER SPUR

Ausgewählt und kommentiert von
Hubert Gaisbauer

Herder
Wien · Freiburg · Basel

Inhalt

Satz und Druck: Missionsdruckerei St. Gabriel, 2340 Mödling
Umschlaggestaltung: Herbert Schiefer (nach einem Motiv von Gustav Klimt)
Bestellnummer: ISBN 3-210-24.837-0

Engeltexte — Engelbilder

Dieses Buch ist ein Bündel fliegender Blätter. Spontan entstanden, soll es ebenso spontan verwendet werden können. Vor allem soll es zu Assoziationen verleiten, zur *Hinzugesellung* und zur Anschauung, die nach einer alten Definition *das Richten des Blicks auf übersinnliche Weisheiten* ist. Wenn man sich mit Engeln befaßt, stellt man fest, daß unsere blasse Ahnung zumeist von vergilbten Bildern und Verputzornamenten stammt.

Manche Texte und Bilder sind zugeflogen. Fremdartige Flügelwesen werden sich vertragen mit vertrauten Sinn-Bildern. Sie geben Kunde davon, daß entgegen der hergebrachten Lehre auch Engel nicht schicksallos geblieben sind in den verdunkelten Zeiten. Manche verkünden Wärme, Hoffnung und Zuversicht; andere suchen diese bei uns. Verlorene, verstoßene Brüder (oder Schwestern?), achtlos vergessen. Aber aus Treue begnügen sie sich nicht mit der Zugehörigkeit zum himmlischen Hofstaat. Sie warten auf uns. Ohne Hoffart.

Es ist nicht Absicht dieses Buches, einem deutlichen Trend zum Irrationalen kritiklos zu folgen, wohl aber, sich endlich wieder einmal einer herrlichen Tradition im christlich-jüdischen Glaubens- und Gedankengut zu erinnern.

Für jene, die dem Thema oder einzelnen Aspekten daraus noch näher kommen wollen, ist eine Bibliographie wichtiger und erreichbarer Werke angefügt.

Wien, im Oktober 1985 H. G.

„Ihr Ungeübten, die in den Nächten
nichts lernen.
Viele Engel sind euch gegeben
Aber ihr seht sie nicht.“

Nelly Sachs

Nelly Sachs, geboren 1891 in Berlin, gestorben 1970 in Stockholm; vor allem Lyrikerin, 1965 mit dem Friedenspreis des Deutschen Buchhandels und 1966 mit dem Nobelpreis ausgezeichnet; ihr gesamtes Werk — Zeugnis vom Leiden des jüdischen Volkes — ist durchsetzt von vielfältigen Engelanspielungen.

ENGELSPUREN

„Irgendwo muß doch der Engel stehn,
den verschlossenen Mund
voll Schneelicht!“

ENGELHAFTER GLANZ

Es gab dort einen jungen katholischen Engländer, der mir zum ersten Male eine Vorstellung von der übernatürlichen Kraft der Sakramente vermittelte, von einem derart engelhaften Glanze schien er nach dem Empfang der Kommunion umkleidet.
Der Zufall — denn ich sage stets lieber Zufall als Vorsehung — hat ihn für mich wahrhaft zu einem Boten gemacht.

Simone Weil

Die französische Philosophin und Mystikerin Simone Weil (1909—1943) schreibt dies im Zusammenhang mit einem für ihr Leben wesentlichen spirituellen Erlebnis, das sie zu Ostern 1938 in der Benediktinerabtei Solesmes hatte.

LOB DER ENGEL NAMENS ZUFALL

Alles, was uns beflügelt, verursacht der Zufall, nicht die notwendige Planung. Taub sein für den Zufall, heißt stumm sein für die Liebe. Eingebung trägt, aber Einteilung macht träge. Was aus Notwendigkeit und Vorbedacht geschieht, ist die Ursache unserer Verstimmung; wer sich — um sicher zu gehn — der beständigen Wiederholung verschreibt, mißtraut dem Zufall. Der Zufall ist Botschaft. Er allein verdient diese gewichtige Bezeichnung, doch wird er häufig mit leichter Hand abgetan, weil man weder sein Auftreten noch seine Wirkung berechnen kann. Zufälle sind Zauber, Geheimnis und machen Angst.

Diese Botschaften sind nicht bestellt. Sie treffen ein, aber nicht zu. Wie Reisende. Geschickt, nicht eingeladen, vielleicht heimlich oder unbewußt ersehnt.

O ihr elektrisierenden Berührungen,
ihr Entdeckungen unscheinbarer Schönheit,
ihr Begegnungen an der Ecke, im Flugzeug, auf der Spanischen Treppe,
ihr unwillkommenen Dazwischenkünfte,
ihr Mißverständnisse, Irrtümer und Fehlschaltungen,
ihr überraschenden Heilungen und plötzlichen Kränkungen,
ihr Zusammenstöße mit schrecklichem Ausgang,
ihr zufälligen Rettungen,
ihr endlich verstandenen Botschaften, denen jede Liebe entspringt.

□

MEIN GEIST WAR EIN WEITFLÜGELIGES TIER

Ich erinnere mich heute an die „Geisterbücher", die wir als Kind hatten. Auf die Falzlinie, das heißt zwischen eine Seite und die andere, schrieb man in Längsrichtung, schrieb selbst, ließ seine Geschwister, seine Freundinnen ihre Namen schreiben, klappte dann, solange die Schrift noch naß war, das Buch kräftig zu. Was da entstand, waren symmetrische, je nach den Schriftzügen und der Druckstärke des Eintragers mehr oder weniger phantastische Gebilde, spitzflügelige Vögel, großäugige Dämonen, zarte Spinnen und häßliche Fledermäuse, Gebilde, die wir lange betrachteten, verwundert und erschreckt ... In der Freundin, dem Bruder, der Schwester steckte das Fabelwesen, das auf solche Weise hervortrat, der „Geist" eines Menschen, zwischen zwei Buchdeckeln gefangen. Mein „Geist" war, soviel ich mich erinnere, ein besonders weitflügeliges Tier, mit dem ich mich gern identifizierte, vor dessen riesigen, aus hingekleckstеn I-Punkten entstandenen Augen ich aber auch eine gewisse Beunruhigung empfand. Natürlich besitze ich mein sogenanntes Geisterbuch nicht mehr. Es wäre interessant, meinen Geist von damals mit meinem Geist von heute zu vergleichen, zum mindesten könnte ich das Experiment wiederholen. Ich tue es aber nicht, wahrscheinlich, weil ich mich davor fürchte, den schönen Vogel in ein skeletthaftes und blindes Wesen verwandelt zu sehen.

Marie Luise Kaschnitz

Marie Luise Kaschnitz, geboren 1901 in Karlsruhe, gestorben 1974 in Rom; sie schrieb Lyrik, Erzählungen, Tagebücher, Hörspiele, Essays als mythische Erinnerungen und poetische Herausforderungen des Alltags der modernen Welt.

ES GÄBE KEINEN, DER NOCH AN ENGEL GLAUBT

Das sind die hellen Tage im Dezember, die ihre eigene Helligkeit durchschauen und darum immer heller werden, die ihrer Blässe zürnen und ihre Kürze als Verheißung nehmen, die von den langen Nächten genährt sind, stark genug, in Sanftmut sich selbst zu überstehen, stark genug, schwach genug und mild. Das sind diejenigen, die aus der Schwärze sonnig werden und nur daraus. Es sind nicht viele. Denn wenn es viele wären, geschähen auch zu viele seltsame Dinge, zu viele Kirchturmuhren würden sich ganz einfach in Gottes eigene Augen verwandeln. Darum sind diese Tage selten; damit die seltsamen Dinge seltsam bleiben . . .

Aber manchmal gibt es solche Tage — Vögel, die vergessen haben, nach dem Süden zu fliegen. Sie breiten ihre hellen Flügel über die Stadt, und die Luft zittert vor Wärme, sie machen unseren Hauch noch einmal unsichtbar, bevor es friert. Und wenn es soweit ist, sterben sie schnell. Sie wollen keine lange Dämmerung und keine roten Wolken, sie verbluten nicht offen. Sie fallen von den Dächern, und es ist finster. Vielleicht, wenn diese verirrten Vögel nicht wären, diese hellen Tage im Dezember, gäbe es auch keinen, der noch an Engel glaubt, wenn alle anderen schon hinter seinem Rücken lachen, der die Flügel hat rauschen hören vor Tag, als alle anderen nur die Hunde bellen hörten.

Ilse Aichinger

Ilse Aichinger, geboren 1921 in Wien, lebt in Frankfurt am Main; in Romanen, Hörspielen, Erzählungen, Dialogen und Gedichten beschreibt sie immer wieder Randsituationen der menschlichen Existenz in einem „widerspruchslosen, stillen wie unerbittlichen Spiegel".

DER ENGEL IN DIR

Der Engel in dir
freut sich über dein
Licht
weint über deine Finsternis

Aus seinen Flügeln rauschen
Liebesworte
Gedichte Liebkosungen

Er bewacht
deinen Weg

Lenk deinen Schritt
engelwärts

Rose Ausländer

Rose Ausländer, geboren 1907 in Czernowitz, lebt schwerkrank im Jüdischen Altersheim in Düsseldorf; sie gilt als eine der bedeutendsten Lyrikerinnen der Gegenwart. Ihre Bilder und Beschwörungen sind bestimmt von Religion und Geschichte des Judentums, von Mythen und Märchen sowie vom Geist der Aussöhnung der Menschen untereinander und mit Gott. Die Eindeutigkeit ihrer Engelbilder war ausschlaggebend — so wie bei Ilse Aichinger, Christine Busta, Marie Luise Kaschitz, Nelly Sachs und natürlich Else Lasker-Schüler —, daß gerade ihre Texte in diese Sammlung aufgenommen worden sind.

DIE ENGEL VERLASSEN DIE UNWIRKLICHKEIT

Tausend Gestalten und hundertfältige Allegorien erzählten in der Stadt und dem Land ringsum von den Engeln. Die meisten Abbilder waren aber so kümmerliche Erscheinungen, daß ihren Vorbildern nie jemand wirklich etwas Rechtes zugetraut hätte.

Sie erschienen eher wie Reste eines besiegten Volkes, unterworfen und in den Dienst genommen als Träger von Herrschaftssymbolen, oder gar nur als Ornament mit bannender Funktion, als sollte wie bei den weniger gutartigen Verwandten, den Dämonen, durch ihre steinerne Anwesenheit der Zuzug wirklicher Engel verhindert werden, damit man sich störende Erschütterungen und Entzückungen ersparte.

Eines Tages war es soweit, daß alle diese Engel zu Leben kamen. Alle diese Engel aus Stein, aus Holz, aus Metall, aus Gips, aus Pappe und alle Engel aus Marzipan. Sie verließen ihre Plätze auf den Dächern, in den Kirchen, an den Fassaden, auf Grabsteinen, über Weihnachtskrippen, sie verschwanden aus den Leuchtern und Portalen, aus Museumsvitrinen und Nippesgalerien.

Bestürzung war unter all diesen Engeln, denn aus der oft Jahrhunderte dauernden geduldigen Fügung in die Gestalt der Idee — doch auch davon konnte nicht immer die Rede sein —, der Idee eines Menschen, war eine Geist- und Gefühllosigkeit geworden, verursacht durch die Leere der fließenden Zeit, die den Engeln den Blick aus den Augen schwemmte. Jetzt, da Leben in sie kam, schmerzte sie das Licht wie einen, der jahrelang in einem finsteren Kerker verbracht hatte. Es war ein Flügelgeflatter und Wimmern ohne Ende, kein lautloses, überlegenes Kreiseziehen über der

Stadt und dem Land ringsum, das sich schließlich in eine herrliche Spirale entwickelt hätte, in der sich alle diese Engel der Sonne entgegengeschraubt hätten.
Diese Engel fühlten sich plump und beschwerlich, und nicht wenigen fehlten Hand oder Flügel. Sie schlichen sich eher fort, um sich alsbald ihrer schwerfälligen und geistlosen Gestalt zu entledigen.
Ihre Abwesenheit war wie vordem ihre Anwesenheit ohne Be-Deutung, sodaß nach ihrem Fortgang niemand und nichts an sie erinnerte.

□

ZAHLREICH UND VON ALLERLEI ART

Was, fragte ich, soll Eros dann sein? Etwa ein Sterblicher?
O nein!
Was denn sonst?
Wie schon vorhin gesagt: ein Mittleres zwischen Sterblichem und Unsterblichem.
Ja, aber was, Diotima?
Ein großer Daimon, Sokrates, denn alles Dämonische ist mitten zwischen Gottheit und Mensch.
Welche Wirkungskraft hat es? fragte ich weiter.
Es dolmetscht und überbringt den Göttern, was von den Menschen kommt, und den Menschen, was von den Göttern kommt: von den einen die Gebete und Opfer, von den anderen die Gebote und Gegengaben für die Opfer. Da es in der Mitte zwischen beidem ist, füllt es die Kluft, sodaß das All in sich selbst verbunden ist. Mittels des Dämonischen geht auch alle Weissagung vonstatten . . .
Denn Gott naht nicht unmittelbar dem Menschen, sondern durch diese Vermittlung des Dämonischen vollziehen sich aller Umgang und alle Zwiesprache der Götter mit den Menschen, im Wachen sowohl wie im Traum. Diese Daimonen sind zahlreich und von allerlei Art — einer von ihnen ist Eros.

Platon

Die griechische Mythologie hat mit Beschreibungen des Liebesgottes Eros, der Siegesgöttin Nike und des Götterboten Hermes das abendländisch-christliche Engelbild entscheidend mitgeprägt, aber im Zuge einer allegoriefreundlichen Profanisierung oft auch bis zur Unkenntlichkeit verwaschen.

MAN KANN ENGEL ERWARTEN

20. Oktober

liebe Ida
du bist so weit fort, ich bin so weit da, quaqua.
deine karte war sehr lieb. ich habe mich sehr echt-gefreut.
hast du den engel bekommen? bitte, schreib mir bald, ob du den engel bekommen hast. ich habe ihn so schwer in den postkasten bekommen (bei einem engel verständlich, der hat doch kein interesse an einem postkasten). jetzt zweifle ich ein wenig, ob er bei der automatischen postbriefkastenentleerung freiwillig in den sack (siehe postsack) gesprungen ist. (. . .)
ich glaube, ich werde verrückt, es ist sehr schön, ganz echt-schön. ich gehe auf der straße, bekomme plötzlich distanz zu den optischen eindrücken, die ich gewohnt bin, sehe dinge daneben, höre dinge daneben. man verliert jedes interesse am realen, kennt keine furcht, wird aber seltsam beschützt, irgendwoher, irgendwohin.
man weiß nicht, wieviel straßen man kreuzt, niemand stört, niemand kommt in die quere, anfangs singt man, d. h. man muß singen, immer lauter in vielen verschiedenen und unausweichlichen rhythmen, bis man aufhören darf, man verliert nichts durch das aufhören. man ist ganz ruhig. alles ist weit weg. schon wenn man singt, hat man ein ungeheuer leichtes, schwebendes gefühl. fast glaubt man, fliegen zu können. (. . .)
wenn du nicht mehr singst, verstärkt sich das schwebende. ich versuchte, abzustoßen und wegzufliegen. ich glaube zuwenig an die irrealität, es bleibt immer ein kleines mißtrauen. wenn ich das auslöschen kann, vielleicht?

ENGEL
ECKE
SCHMIDT
Wien
SCHMIDT
Wien

es ist wie in einem verzauberten garten. ich möchte DICH gerne mitnehmen. (. . .) (zauber ist ganz falsch, ganz unrichtig, es ist ganz anders) (. . .)

am 29. oktober, am tage DEINER briefe

(. . .)
allein sein ist sehr schön, großartig usw., aber auf dauer tödlich, wenn DU nicht heilig bist.
es gibt einige fehler, in die man nicht verfallen sollte
die lieblosigkeit
die mitleidlosigkeit
man soll sich nicht selbst lieben.
man muß am anfang allein sein. man soll am anfang nichts teilen, um nichts zu zerstören. das ist eine jungfräulichkeit, eine keuschheit, aus der eine nicht zur kenntnis genommene scham entsteht. aber stell DIR vor, um wievieles schöner und weiter, wenn DU zu zweit ein bollwerk baust mit irgendjemandem, der weiß und verstehen kann. der sich selbst und DU ist.
man muß zur kenntnis nehmen, daß alle fehlerhaft sind.
man kann engel erwarten, aber man darf nicht erwarten, daß sie sich verkörperlichen. sie dürfen es auch nicht. wir würden sie mehr als jeden von uns verachten.

Konrad Bayer

Konrad Bayer, geboren 1932 in Wien, gestorben 1964 auf Schloß Hagenberg, NÖ; neben H. C. Artmann und Gerhard Rühm Mitglied der legendären avantgardistischen „Wiener Gruppe“. Mit seinen schwer zugänglichen, keiner Gattung zuzurechnenden Texten und Montagen ist er richtungweisend für die Gegenwartsliteratur geworden.

ÜBER DAS GESCHLECHT DER ENGEL

In buddhistischen Texten ist von männlichen und weiblichen Engeln die Rede. *Männliche Engel werden auf den Knien von männlichen Erzengeln geboren und weibliche Engel auf den Schultern von weiblichen Erzengeln; und sie wissen von ihren früheren Stätten der Geburt, und sie trinken vom himmlischen Strom der Heiligung.*
Der japanische Dichter Yukio Mishima berichtet von dieser buddhistischen Lehre. Im Traum sieht eine seiner Figuren die männlichen und weiblichen Engel der Sechs Welten des Verlangens, die den Menschen besser vertraut sind als die Engel der Welten der Form.
Die Engel des Verlangens tragen Lichter von sieben Farben: Feuer, Gold, Rot, Gelb, Weiß, Blau und Schwarz. Ihre Körper sind *Weichheit und Reinheit.*
... einen Augenblick lang schwebte ein makellos weißer Busen vor seinen Augen, die helle Sohle eines Fußes schwand in der Ferne ... Volle weiße Arme, himmlischen Duft verströmend, öffneten sich weit und fuhren himmelwärts ... Die zarten Linien von Hüften, deutlich abgezeichnet gegen das Blau, trieben am Himmel wie Wolkenbündel. Aus der Ferne fuhr ein Paar starrer Augen auf ihn nieder, und mit dem leichten Nicken einer weißen Stirn, in der die Sterne sich spiegelten, versank vor ihm die Gestalt.
Nach Mishima halten die männlichen und weiblichen Engel der ersten zwei Welten des Verlangens einander ständig innig umschlungen, die der dritten Welt fassen einander an den Händen, die der vierten tauschen Gedanken, die der fünften wechseln Blicke, die Engel der sechsten Welt schließlich reden miteinander.

★

Das altgriechische Wort „angelos“ verträgt den weiblichen Artikel „he“ genauso wie den männlichen „ho“. Auch das gotische „aggilus“ zielt auf beide Geschlechter.
Grimms Wörterbuch verzeichnet 1852 unter dem Stichwort ENGEL als zweiten Anwendungsbereich *schöne und geliebte frauen: mein engel!*
Und unmittelbar wird angefügt: *mea anima.*
Es nennt auch das selten verwendete Wort ENGELIN und belegt es mit Stellen bei Goethe *(aber da sehet ihr, daß es auch engelinnen gibt)* und Voss *(engelin, trug in der hand die rauschende harfe des himmels.)*
Viel später verwendet auch Else Lasker-Schüler mehrmals dieses ungewöhnliche Femininum *(wie die Flügel der teppichbuntbestickten Engelin).*
„Mea anima“: Ungefähr mit Fra Angelico zeichnet sich in der europäischen männlich dominierten Malerei ein Engelbild von virginaler Weiblichkeit ab. Zunehmend gestatten sich die Maler ein Engel-Abbild abseits der überlieferten männlichen Vorstellungen als Wunschbild, als weibliches Gegen-Bild der eigenen, begrenzt empfundenen Wirklichkeit.
Die Engelmänner der Bibel sind verschwunden.
„Mea anima“: Jean Paul nennt einmal den inneren Menschen *geflügelt wie ein Cherub.*
Wir finden bei C. G. Jung: *Jedem Geschlecht wohnt das Gegengeschlecht inne.* Anima und animus können als *Engel des Lichts erscheinen und zum höchsten Sinn führen,* sie treten uns entgegen *als unser allerpersönlichstes Mißverständnis oder unser bestes Wagnis,* als *bewußte geistige Unternehmung,* als Impuls gegen die Trägheit und als Aufforderung zur Spontaneität.

★

Männer träumen vom Engel, Frauen sehen ihn. Stellt man die Erzählungen des Eingreifens der Engel im Neuen Testament anläßlich Jesu Geburt und Auferstehung gegenüber, so ist diese sensible psychologische Unterscheidung nicht zu übersehen. Bei Maria tritt der Engel ein, der Leser fühlt eine körperliche Sensation. Dem Zacharias, so wird erzählt, erging es zwar ebenso, doch zweifelt dieser an der Botschaft und wird mit Stummheit bestraft. Josef hingegen erfährt konkrete Anweisungen von Engeln im Traum, ebenso die Sterndeuter.

Verblüffend ist die Genauigkeit der Evangelientexte in der Beschreibung der Engelsvisionen rund um die Auferstehung Jesu. Lukas läßt zu den ratlos am leeren Grab stehenden Frauen *zwei Männer in leuchtenden Gewändern* treten. Bei Markus ist es *ein junger Mann auf der rechten Seite,* vor dem die Frauen entsetzt fliehen.

Im Johannestext beugt sich Maria Magdalena in die Grabkammer hinein und sieht *zwei Engel in weißen Gewändern.*

Und die Männer? Sie reden von hysterischem Geschwätz der Weiber, bestenfalls ein paar abgelegte Grabbinden bleiben ihnen als vernünftiger, materieller Beweis.

Diese Erzählungen atmen den Geist weiblicher — um nicht zu sagen feministischer Spiritualität.

Frauen sind weniger gefangen in dem rationalen Weltbild. Ihre Bereitschaft, ungewohnte Ideen aufzunehmen, sich von ihnen ergreifen zu lassen und sich ihnen zur Verfügung zu stellen, ist daher weniger verschüttet als beim Mann. So sieht es Hildegund Wöller.

Wir sehn uns, Teure, wieder, umarmen uns,
Wie Engel sich umarmen, in Licht gehüllt,
Am Throne Gottes, Ewigkeiten
Lieben wir uns, wie sich Engel lieben.

Johann Heinrich Christoph Hölty

....

Können Engel lieben? Können Engel Engel lieben? (Kann ein Lichtstrahl lieben? Kann ein Lichtstrahl einen Lichtstrahl lieben?)

....

....

Ein Licht
Welch ein Licht!
Ein beinah unannehmbares Licht

Gegenwart des verborgenen Trainers
Jesaja durch den Engel geläutert
Beharrlich ausdauerndes Drängen.

Im Herzen eine Art von Liebkosung
von großer grundloser Liebkosung
so voll, so voll
. . . ganze Tiefseen von Liebkosungen

„Dilataste cor meum“
„Dilataste cor meum“

das ist es
selbst dies
von da an, sicherlich
Ausdehnung im reinen Zustand . . .

Henri Michaux

□

Henri Michaux, geboren 1899 in Namur (Belgien), gestorben 1985 in Paris; seine ekstatischen Dichtungen gründen auf Erfahrungen mit östlicher Mystik und mit halluzinogenen Drogen; sie sind durchdrungen vom Entwurf eines grenzenlosen Daseins ohne Schwerkraft und Körperlichkeit.

DIE ÄLTEREN BRÜDER

„Auf wieviel Flügeln ruhen wir im Gehn“

SIND ENGEL DIE „ÄLTEREN BRÜDER“?

Bekannt ist: ein Mann hatte zwei Söhne. Der jüngere wollte etwas erleben und zog mit seinem Erbteil in die Welt. Aus Übermut und Fahrlässigkeit war er bald in Not geraten. In einem demütigenden Arbeitsverhältnis verdiente er gerade soviel, um überleben zu können. Endlich beschloß er, zum Vater zurückzukehren, was immer ihn dort erwarten würde.

Der Vater nimmt ihn mit offenen Armen auf, war doch sein Trennungsschmerz immer größer gewesen als die Enttäuschung über den mißratenen Sohn.

Weniger großmütig reagierte der ältere Bruder auf diese Heimkehr. Schon seit der Geburt des jüngeren gab es ein dauerndes Spannungsverhältnis zwischen den Brüdern. Und der Vater handelte in seinen Augen eindeutig übertrieben, wie er den jüngeren empfing.

Ganz gegen seine Art sparte der ältere Sohn auch nicht mit Vorwürfen aufgrund dieses Empfangs. Der Vater ist liebevoll bemüht, ihn zu besänftigen. Ob ihm dies schließlich gelungen ist, wird aber nicht erzählt, denn hier endet das Gleichnis.

Zum Verständnis dieses Textes muß man wissen, daß die engelkundige Seherin Hildegard von Bingen den älteren Bruder im Gleichnis vom Verlorenen Sohn als ein Sinnbild der Engel deutet. Die Engel sind vor den Menschen geschaffen und immer beim Vater. Hildegard von Bingen gilt als eine der gebildetsten Frauen des zwölften Jahrhunderts. Neben naturwissenschaftlichen und medizinischen Traktaten schrieb sie auch ihre kosmischen Visionen nieder, denen eine umfassende, dem Geist des Mittelalters verpflichtete Lehre von den Engeln zu entnehmen ist.

Der Deutung der Hildegard von Bingen folgend, läßt sich die Geschichte etwa so fortspinnen:

Auch nach dem Wiedersehensfest änderte sich wenig. Die alten Spannungen zwischen den Brüdern traten wieder hervor, und der Vater appellierte immer wieder an die Vernunft des älteren Sohnes und verwies auf dessen Vorteile, die er infolge seiner Treue durchaus verdient genösse. Die Vorliebe schenkte der Vater aber dem jüngeren Sohn, der sich nur widerwillig in den geordneten Ablauf des wohldurchdachten Anwesens eingliedern konnte. Immer wieder erhob er Einwände und kam mit Verbesserungsvorschlägen. Der Vater ließ ihn gewähren, obwohl jede Neuerung in den Ansätzen steckengeblieben war und viele Arbeiten nur halb verrichtet waren. Viele seiner Entscheidungen mußten — meist vom älteren Bruder — korrigiert werden, bevor der ganze Hof dauernden Schaden nähme. In solchen Situationen war der jüngere Bruder dann zornig und enttäuscht, ja er drohte manchmal, wiederum den väterlichen Hof verlassen zu wollen. War aber einige Zeit verstrichen, dann geschah es auch, daß er einsichtig dem Bruder und dem Vater für deren rettendes Eingreifen dankbar war.
Nicht zuletzt durch diese Offenheit entdeckte der ältere Bruder im jüngeren auch liebenswerte Eigenschaften, die er an sich selbst nicht feststellen konnte. Es waren dies Begeisterungsfähigkeit, spontane Entschlossenheit, Risikofreudigkeit und eine große Liebessehnsucht. Letzterer wegen war auch viel Schwermut im jüngeren Bruder.
So begann der ältere Bruder den jüngeren liebzuhaben, trotz allem, was vorgefallen war und noch täglich vorfiel. Heimlich arrangierte er manches, das dem jüngeren Bruder einen Erfolg bescherte, anderes wieder lenkte er in seiner vorbedachten Art so, daß der jüngere Bruder vor einer Schädigung

bewahrt blieb. Dies alles aber tat er so unauffällig, ja diskret, daß der Bruder es nicht bemerkte. Der Vater, dem dies nicht verborgen blieb, bestärkte den älteren Sohn, weiter so zu verfahren, damit dem jüngeren Bruder die Zuversicht gestärkt würde, denn heimlich hatte er schon beschlossen, auch den jüngeren Sohn zum Erben einzusetzen, obwohl der schon seinen Anteil einmal verwirtschaftet hatte. □

DIE HEILIGE HERRSCHAFT DER NEUN CHÖRE

Das sind die Engel. Flügeln gleich spannen sie die Sehnsüchte aus, die sich aus den Abgrundtiefen ihres Erkennens ringen. Nicht als ob sie Flügel wie die Vögel hätten, flugschnell vielmehr, wie der Gedanke des Menschen dahinfliegt, drängt ihr Verlangen sie, den Willen Gottes zu vollenden. Und daß sie Antlitze tragen, das deutet auf die Schönheit der vernünftigen Geistigkeit hin, in welcher Gottes alldurchforschender Blick zugleich die Werke der Menschen erschaut.

★

Das sind die Erzengel. In der Sehnsucht ihres Erkennens richten auch sie sich ganz auf die Betrachtung des Willens Gottes, und aus sich selbst heraus weisen sie hin auf die Schönheit des vernünftigen Geistes.

★

Das sind die Kräfte. Sie steigen in den Herzen der Gläubigen empor und bauen in ihnen mit brennender Liebe den hohen Turm der Taten, den alles

Menschenwerk bedeutet. So spiegeln sie in ihrem geistigen Sein die Werke der Auserwählten und führen diese durch ihre Kraft zum guten Ende hellleuchtender Seligkeit.

★

Das sind die Mächte. Sie deuten an, daß die Reinheit und die Schönheit der göttlichen Macht von der Ohnmacht der Sterblichen, Sündenbefangenen, nie begriffen und berührt werden kann; denn Gottes Macht ist unerschöpflich.

★

Das sind die Fürstentümer. Die Fürsten sind Urbilder derer, die aus Gottes Gabe in der Welt über die Menschen herrschen dürfen. Mit der unangetasteten Kraft der Gerechtigkeit sollen sie sich umkleiden, damit sie nicht dem Wankelmut der Unbeständigkeit verfallen. Sie sollen auf ihr Haupt schauen, welches Christus ist, und ihre Regierung sollen sie nach Seinem Willen zum Nutzen der Menschen führen.

★

Das sind die Herrschaften. Sie stellen dar: daß der Herr aller Dinge die Vernunft des Menschen, die in menschlichem Verfall gelegen, von der Erde zum Himmel erhoben hat, als Er Seinen Sohn auf die Welt sandte, der den alten Verführer durch Seine Gerechtigkeit zertrat.

★

Das sind die Throne. Ihre Erscheinung will besagen: daß sich die Gottheit zur Menschheit hingeneigt hat, da der Eingeborene Gottes zum Heile der Menschen einen menschlichen Leib anzog, unberührt von aller menschlichen Schuld.

★

Das sind die Cherubim. Sie sinnbildlichen das Wissen Gottes (scientia Dei). In Ihm schauen sie die Mysterien himmlischer Geheimnisse und verhauchen, wie Gott es will, ihr innerstes Hinstreben zu Seinem Wesen. In der Tiefe ihres Wissens erschauen sie mit reinstem, durchdringendem Blick wunderbar die Menschen, die in der Erkenntnis des wahren Gottes gleich ihnen die Flügel ihrer Herzenssehnsucht in gutem und gerechtem Streben auf Den spannen, der über allem ist.

★

Das sind die Seraphim. Wie sie selber in flammender Liebe zu Gott erglühen und ihr ganzes Begehren auf Seine Anschauung gerichtet ist . . .!

Hildegard von Bingen

Die Seherin Hildegard von Bingen hat in ihrer Schrift „Scivias" um 1165 eine großartige Schau der Engelwelt entworfen. Die darin beschriebenen neun Engelchöre finden sich bereits im 4. Jahrhundert bei Cyrill von Jerusalem und vor allem zu Beginn des 6. Jahrhunderts bei Pseudo-Dionysius Areopagita. Nach ihm stehen Engel als fleckenlose Spiegel vor dem Angesicht der Gottheit. Der Logos des Kosmos strahlt und verströmt in hierarchische Kreise.

AN DIE ENGEL

(Paraphrase auf ein Gedicht der Hildegard von Bingen)

Auf der Suche nach einer passenden Anrede
stellen wir fest, daß Fürstentümer, Throne und Herrschaften
abgedankt haben.
Den Mächten mißtrauen wir;
Kräfte haben wir uns in Maßeinheiten gefügig gemacht.

Aber Engel, Erzengel, Cherubim, Seraphim:
das trifft uns noch an einer empfindlichen Stelle in unserer Seele.
Heimlich rechnet jeder mit euch, Lichtwesen,
brennend vor Sehnsucht und jubelnd vor Erfüllung (schreiend?),
Aug in Aug mit Gott.

So hören wir von euch reden. Und davon,
daß zum rebellierenden Flug des Hochmuts
nur einer angesetzt hat. Könnte es sein, daß er uns
Trieb-Werke und Schubkräfte hinterlassen hat nach dem Disaster?

Von euch heißt es, ihr spiegelt das Angesicht Gottes,
erschaut die innigste Kraft, die das Vaterherz atmet!
Während eurer Abwesenheit haben wir uns eigene Engel gemacht,
gefügigere:
Schriftträger, Tonträger, Bildträger.

Was müßte geschehen, damit ihr und wir wieder aufeinander treffen?

□

ENGEL BEHERBERGEN

Vergeßt die Gastfreundschaft nicht;
denn durch sie haben einige,
ohne es zu ahnen,
Engel beherbergt. Paulus

RABBINEN REDEN ÜBER DIE ENGEL

Was die Engel essen

Rabbi Jizchaq sagt: Es steht geschrieben: „Meine Opfergaben, meine Speise ...“ — Gibt es denn Essen und Trinken vor MIR? Wenn du der Meinung bist, daß ich Essen und Trinken benötige, lerne von meinen Engeln, lerne von meinen Dienern! Es steht nämlich über sie geschrieben: „Lodernde Feuer machst du dir zu deinen Dienern ...“ — Wovon werden die ernährt? Rabbi Judan sagt im Namen Rabbi Jizchaqs: Vom Glanz der Schekhinah, wie geschrieben steht: „Im Lichte des Angesichts des Königs ist Leben ...“

Die Engel der Regentropfen

Rabbi Jehuda ben Jechesqel pflegte, wenn er es regnen sah, zu danken: Gerühmt, verherrlicht, geheiligt und gepriesen sei der Name des Heiligen, er sei gepriesen, der da sprach, und die Welt ward. Er setzt Tausend und Abertausend, Myriaden um Myriaden von Engeln über jeden einzelnen

Schekhinah ist die Bezeichnung für die Anwesenheit Gottes (aus der Wurzel des hebräischen Wortes für „wohnen“); siehe 1 Könige 8, 6—13: „... unter den Flügeln der Cherubim“. Sie wird im Zusammenhang mit dem Tempel gebraucht (später mit der Synagoge, in der zehn Männer zusammenkommen müssen, damit Schekhinah entsteht), aber auch als Ausdruck für die nicht ortsgebundene Präsenz Gottes.

Tropfen, der herabkommt. Warum? Von hier bis zum Firmament ist ein Weg von 500 Jahren, und der Regen kommt herab, ohne daß sich ein Tropfen mit einem anderen vermischt.

Der Engel am Ursprung des Lebens

Rabbi Chanina ben Papa trug vor: Der Engel, der über die Schwangerschaft gesetzt ist, heißt Laila. Er nimmt den Samentropfen, legt ihn vor den Heiligen, gepriesen sei er, und spricht vor diesem: Herr der Welt, was soll aus diesem Tropfen werden? Ein Starker oder ein Schwacher, ein Weiser oder ein Tor, ein Reicher oder ein Armer? Er sagt aber nicht: Ein Frevler oder ein Gerechter?
Und Rabbi Chanina hat gesagt: Alles wird durch den Himmel bestimmt, ausgenommen die Gottesfurcht.

Die zwei Engel am Schabbatabend

Rabbi Jose ben Jehuda sagt: Zwei Dienstengel begleiten den Menschen am Schabbatabend von der Synagoge zu seiner Wohnung, ein guter und ein böser. Wenn er nach Hause kommt und das Licht angezündet, den Tisch

Rabbinische Erzählungen finden sich vor allem in den Midraschim, den geschichtenhaften Auslegungen und Ausschmückungen der in der Offenbarung vorliegenden Motive (Einzahl: Midrasch = Schriftauslegung). Sie sind in den akademischen Zentren des jüdischen Lebens im ersten Jahrtausend unserer Zeitrechnung entstanden.

gedeckt und das Lager überzogen findet, so spricht der gute Engel: Möge es sein Wille sein, daß es auch am folgenden Schabbat so sei, und widerwillig spricht der böse Engel: Amen. Wenn aber nicht, spricht der böse Engel: Möge es sein Wille sein, daß es auch am folgenden Schabbat so sei, und widerwillig spricht der gute Engel: Amen.

Wenn ein Engel zu Gunsten des Menschen spricht

Was bedeutet: Wenn dann ein Engel über ihm ist, ein Mittler, einer aus Tausend, um zugunsten des Menschen dessen Rechtschaffenheit zu künden, wenn dieser sich seiner erbarmt und spricht: „Erlaß es ihm, in die Grube hinabzusteigen, ich hab ein Lösegeld gefunden . . ." (Ijob 33, 23 f.)
Rabbi Elieser ben Rabbi Jose ha-Glili sagt: Sogar, wenn 999 Engel zu des Menschen Ungunsten sprechen und nur ein einziger zu seinen Gunsten, entscheidet der Heilige, er sei gepriesen, zu seinen Gunsten. Ja, er bedarf nicht einmal dieses einen Engels, vielmehr: Sogar wenn 999 Teile desselben Engels zu seinen Ungunsten sprechen und nur ein Teil desselben Engels zu seinen Gunsten, entscheidet der Heilige, er sei gepriesen, zu seinen Gunsten . . .

Wie die Engel Gebete zu Gott tragen

Rabbi Pinchas und Rabbi Jirmeja sangen: Wenn Israel betet, dann beten sie nicht alle auf einmal, sondern diese Gemeinde zuerst und dann eine andere Gemeinde. Erst wenn alle Gemeinden ihr Gebet beendet haben, nimmt der

Engel, der über die Gebete gesetzt ist, alle Gebete aus allen Gemeinden, flicht Kränze daraus und setzt sie auf das Haupt des Heiligen, er sei gepriesen!

Der Strafengel in der Hölle

Am Abend führt der begleitende Engel die Seele in die Hölle und zeigt ihr dort die Frevler, die die Strafengel mit Feuerruten schlagen; dabei rufen sie „Wehe, wehe“ und erbarmen sich ihrer nicht. Dann fragt der Engel die Seele: Weißt du, wer jene sind? Sie antwortet: Nein, Herr. Darauf spricht der Engel zu ihr: Jene, die da verbrannt werden, wurden wie du geschaffen und kamen zur Welt, doch beachten sie nicht die Thora und die Gebote des Heiligen, er sei gepriesen, deswegen gelangen sie zu dieser Schande.

Die Dienstengel im Paradies

Das Paradies hat zwei Karfunkeltore, und 60.000 Dienstengel sind über sie gesetzt. Das Gesicht jedes einzelnen Engels strahlt wie die Pracht des Himmels. Sobald der Fromme ins Paradies kommt, ziehen ihm die Dienstengel die Kleider aus, in denen er begraben ward, und legen ihm acht Gewänder aus Ehrenwolken an. Zwei Kronen setzen sie ihm auf das Haupt, eine aus Edelsteinen und eine aus Gold. In die Hände legen sie ihm acht Myrten.
Sechzig Engel stehen neben jedem Frommen und sagen: „Geh, iß in Freuden den Honig und trink den Wein, der in seinen Trauben seit der Welt-

schöpfung aufbewahrt ist, weil du die Thora beachtet hast und die Gebote des Heiligen, er sei gepriesen, die dem Wein gleichen!“

Der bestrafte Unmut der Engel

Rabbi Jehuda sagte im Namen Rabhs: Als der Heilige, er sei gepriesen, den Menschen erschaffen wollte, erschuf er vorher eine Klasse von Dienstengeln und sprach zu ihnen: Ist es euer Wille, daß wir einen Menschen in unserem Ebenbilde erschaffen?
Diese fragten ihn: Herr der Welt, wie sind seine Handlungen?
Er erwiderte ihnen: So und so sind seine Handlungen.
Darauf sprachen die Engel zu ihm: Herr der Welt, was ist der Mensch, daß du seiner gedenkst, und das Menschenkind, daß du nach ihm schaust!
Da streckte er seinen kleinen Finger zwischen sie und verbrannte sie.
Ebenso geschah es auch mit der zweiten Klasse.
Die dritte Klasse aber sprach zu ihm: Herr der Welt, was nützte es den ersten, daß sie so zu dir gesagt haben. Die ganze Welt ist dein: tu das, was du auf deiner Welt tun willst.

Rabbinische Erzählungen

Der Engelglaube im Judentum taucht in den älteren Schriften der Bibel nur spärlich auf; später rückt die Engelwelt stärker in den Vordergrund, vor allem im Buch Daniel. In der Literatur des nachexilischen Judentums entfalten sich die Engelvorstellungen immer reicher. In zunehmendem Maß werden die Engel als Mittler zu Gott angesehen, wenn auch der Mensch Höhepunkt und Ziel der Schöpfung bleibt.

WAS DIE ENGEL NICHT KENNEN

Etwas fehlt allen Geschöpfen, und es ist nicht allein,
daß sie nicht der Schöpfer sind.
Denen, die leiblich sind, wir wissen es, fehlt, daß sie rein sind.
Aber denen, die rein sind, wir sollten es wissen, fehlt, daß sie leiblich sind.
(. . .)
Eine allein (Maria!) und keine andere ist zugleich leiblich und rein.

Denn auf Seiten der Engel
wären die Engel wohl rein, doch sie sind reine Geister,
sie sind nicht leiblich.
Sie wissen nicht, was es heißt, einen Leib zu haben, ein Leib zu sein.
Sie wissen nicht, was das heißt, solch ein armes Geschöpf zu sein.
Ein irdisches.
Ein Leib aus dem Lehm dieser Erde geknetet.
Der irdischen.
(. . .)
Das ist es, mein Kind, was die Engel nicht kennen, ich meine,
was sie nicht selbst erfahren haben.
Die Sünden des Fleisches und die Vergebung,
die nur dem Fleisch widerfahren.
(. . .)
Die Sünden des Fleisches und der irdischen Erde, welche die
Engel nicht kennen, außer vom Hörensagen.
Wie eine Geschichte aus einer anderen Welt.
Und fast, sozusagen, aus einer anderen Schöpfung.

Charles Peguy

DAS GEFLÜGELTE AUGE

„Ich weiß nicht
will nicht wissen
wieviele Köpfe auf Flügeln“

ÜBER DAS GEFLÜGELTE AUGE

Es gibt Engelbilder, die uns befremden oder gar ängstigen, verdichtet auf die zwei Merkmale ihres Wesens, nämlich Antlitz und Flügel, manche nur Augen und Flügel.

Wir haben uns geholfen, als wir jene pausbäckigen, geflügelten Puttenköpfe bildeten, niedlich, handlich und harmlos . . .

In allen Überlieferungen existieren die Engel Aug in Aug mit der Gottheit (. . . *schauen immer meinem himmlischen Vater ins Angesicht* . . .).

Geht der Schrecken, den Engel vermitteln, über das Auge?

Gesteigert ins Unausweichliche, wenn zu den Augen nur noch die Flügel treten, ohne Rumpf, ohne Hände, ohne Gewand?

Der Blick des geflügelten Auges wird zum Augenwurf („ictus oculi“) und trifft uns in der Mitte und unvermittelt.

Keine Lieblichkeit mehr, nur die Schnelligkeit der Flügel und die Schärfe des Blicks.

Eine Medaille aus der Renaissance zeigt das geflügelte Auge unter Beifügung der Worte QUID TUM — was dann . . . wenn die Gottheit den Menschen anblickt:
Durchblick? Umsicht? Nachsicht?

Sprechende Augen sind Engel.

□

MATTHAEI PASTII VERONENSIS
QVID·TVM

BACHFUGE

Die Bachfuge
fliegt in den Himmel
kommt zurück zu mir
fliegt in den Himmel

Mathematik
erklärt eine Stimme

Ich weiß nicht
will nicht wissen
wie viele Köpfe auf Flügeln
welche Geschwindigkeiten
ich zähl nicht
die Zahlen

Bach
mein Blutstrom
zum Himmel

Rose Ausländer

MIT ENGELN ZUGEDECKT

Der unerschaffne Michael
Und seiner Engel Heer
Den Drachen hat besiegt.
Wir stehen sicher und gewiß,
Und wenn uns gleich sein Brüllen schrecket,
So wird doch unser Leib und Seel
Mit Engeln zugedecket.

Wo wir itzo stehn und gehen,
Können wir in sichrer Ruh
Unserm Feind entgegenstehen.
Es lagert sich so nah als fern
Um uns der Engel unsres Herrn
Mit Feuer, Roß und Wagen.

Bleibt, ihr Engel, bleibt bei mir!
Führet mich auf beiden Seiten,
Daß mein Fuß nicht möge gleiten.
Seid uns, wenn der Herr gebeut,
Dieser Welt Valet zu sagen,
Zu unsrer Seligkeit
Auch unser Himmelswagen.

Nach dem Text der Kantate Nr. 19: „Es erhub sich ein Streit“, von J. S. Bach.

GOTT IST GEIST

Und was ist über den Sternen? fragte ich, als der Lehrer seine ganz unprogrammäßige Himmelskunde schon abgeschlossen hatte und nach dem Rechenbuch griff. Da sind, sagte er etwas ungeduldig, auch noch Sterne, ganze Sternsysteme, Sternnebel, das versteht ihr noch nicht . . .
Und darüber? fragte ich zitternd. Darüber ist nichts, sagte der Lehrer, nur eben der Weltraum, also nichts. Bei diesen Worten sah er mich böse an, er machte auch eine Bewegung mit der Hand, vielleicht tat er das ganz bewußt, und es war ihm auch bewußt, was er da wegfegte, nämlich einen ganzen Kinderhimmel, ein dickes Wolkenpodest, auf dem die heilige Dreifaltigkeit, die Engel und die Heiligen saßen. Wir rechnen jetzt, sagte er, du kannst anfangen, und ich nahm mich zusammen, obwohl da eigentlich gar nichts mehr zusammenzunehmen war, ein Häufchen Unglück, Staub . . .
Gott ist Geist, und einmal muß jedes Kind das erfahren. Ich habe aber noch niemanden getroffen, für den diese Erfahrung eine ähnliche Katastrophe gewesen ist, jedenfalls niemanden, der davon gesprochen hätte.

Marie Luise Kaschnitz

ENGEL DER NATUR

WindEngel   BlitzEngel   TauEngel

LuftEngel   GlutEngel   SchneeEngel

SamenEngel   LavaEngel   WinterEngel

Engel über dem Gift der Tollkirsche

Engel über dem Vogelei

KreuzspinnenEngel

Engel des Ameisenweges

□

Eines der frühesten jüdisch-christlichen Zeugnisse ist das Henoch-Buch, eine apokryphe Schrift, griechisch verfaßt, aber nur in einer slawischen Übersetzung tradiert. Im Henoch-Buch sind über alle Naturerscheinungen Engel gesetzt. Der obenstehende Text ist eine Assoziation dazu.

WIR KÖNNEN SIE NICHT HÖREN

Wie süß das Mondlicht auf dem Hügel schläft!
Hier sitzen wir und lassen die Musik
Zum Ohre schlüpfen; sanfte Still' und Nacht,
Sie werden Tasten süßer Harmonie.
Komm, Jessica, sieh, wie die Himmelsflur
Ist eingelegt mit Scheiben lichten Goldes!
Auch nicht der kleinste Kreis, den du da siehst,
Der nicht im Schwunge wie ein Engel singt,
Zum Chor der hellgeaugten Cherubim.
So voller Harmonie sind ew'ge Geister:
Nur wir, weil dies hinfäll'ge Kleid von Staub
Ihn grob umhüllt, wir können sie nicht hören.

William Shakespeare

VIER FLÜGEL-GEDICHTE

Wurzeln und Flügel.
Aber laß die Flügel Wurzeln schlagen
und die Wurzeln fliegen.

Meine Füße, wie tief in der Erde!
Meine Flügel, wie hoch oben im Himmel!
Und welcher Schmerz
in meinem zerrissenen Herzen!

Ja, immer noch lebendiger
— tiefer und mächtiger —
immer noch verzweigter die Wurzeln
und immer gelöster die Flügel!
Die Freiheit, tiefe Wurzeln zu schlagen!
Die Gewißheit der unendlichen Weite des Flugs!

Weiße Wolke,
Flügel, gebrochen — von wem? —,
der nicht ankommen kann — wo? —

Juan Ramon Jimenez

Juan Ramon Jimenez, geboren 1881 in Moguer, gestorben 1948 in Puerto Rico (Exil!); spanischer Lyriker und Nobelpreisträger.

RESTE
VON
ENGELN

„Toter Engel,
erwach doch!“

ZU DEN ENGELZEICHNUNGEN VON PAUL KLEE

Eine Linie träumt.
Eine Linie hofft.
Eine Linie träumt einen Engel.

Schließe die Augen und verbinde die kosmischen Anhaltspunkte in dir. Unsichtbares wird sichtbar, Unkenntliches erkennbar, Momentaufnahmen des Unbewußten entwickeln sich auf dem Papier, Übergänge werden fixiert, Diagramme der Er-lösung erscheinen.

★

Paul Klee hat viele Engel gezeichnet, die meisten davon 1939, ein Jahr vor seinem Tod. Er hat für sich eine Grabinschrift verfaßt:

Diesseitig bin ich gar nicht faßbar,
denn ich wohne grad so gut bei den
Toten wie bei den Ungeborenen.
Etwas näher der Schöpfung als üblich
und lange nicht nahe genug.

Er hat seinen liebenswürdigen, tragischen, ironischen Engelzeichnungen Titel gegeben wie diese:

Armer Engel
Vergeßlicher Engel
Engel — noch tastend
Krise eines Engels
Engel voller Hoffnung
Der Fels der Engel □

Engel voller Hoffnung

Der Fels der Engel

DIE TAUBEN

Engel schlummern in ihnen
längst haben sie
ihre Mission erfüllt
Briefe befördert
Frieden verkündet

Gott hat sie wohl
im Schlaf erschaffen
in einem Traum ihre Gestalt erfunden
ein zartes Poem pastellbefiedert
mit rotem Ring um den Augenkreis

Schuldlos
unter Menschen geraten
ihrer Liebe preisgegeben

Längst ist der Engel
schlafen gegangen
in ihren Federn
Ihre Seele schwebt über Noah
Ihr Fleisch hungert nach Mais

Rose Ausländer

DER UNBEKANNTE ENGEL

Heimweh nach den Erzengeln!
Ich war . . .
Schaut mich an.

Gekleidet bin ich in weltläufigem Stil,
die Flügel sieht man mir nimmer an.
Niemand weiß, wie ich gewesen.
Sie kennen mich nicht.

In den Straßen — wer erinnert sich noch?
Feste Schuhe sind nun meine Sandalen.
Statt der Tunika trage ich Tweedjacke
und Hosen.
Sag mir, wer ich bin.

Und dennoch, ich war . . .

Schaut mich an.

Rafael Alberti

DIE TOTEN ENGEL

Sucht doch, sucht sie:
in der Schlaflosigkeit der vergessenen Rohrleitungen,
in den Gräben rinnenden Wassers, unterbrochen vom Stillschweigen
hineingekippten Mülls.
Unweit der Pfützen, die nicht imstand sind, eine Wolke aufzubewahren,
ein verlorenes Augenpaar,
einen zerbrochenen Ring
oder einen zertretenen Stern.

Denn ich hab sie gesehen:
in jenen Trümmerstätten, die für Sekunden im treibenden Dunst erscheinen.
Denn ich hab sie berührt:
in der Verbannung eines gestorbenen Backsteins,
ins Nichts gestürzt, von einem Turm aus, einem Karren.
Niemals jenseits der Schornsteine, die zusammenstürzen,
jenseits der zähen Blätter, die sich an die Schuhe pressen.
In alldem.
Aber auch in den streunenden Spänen, die ohne Feuer zunichte werden,
in diesen eingesessenen Abwesenheiten, welche die klapprigen Möbel
zu ertragen haben,
nicht weit weg von den Namen und Zeichen, die an den Wänden erkalten.

Sucht doch, sucht sie:
unter dem Wachstropfen, der das Wort eines Buches begräbt,

oder die Unterschrift auf einem der Brieffetzen,
die der Staub wirbelnd herbeibringt.
In der Nähe der nutzlosen Flaschenscherbe,
einer Schuhsohle, die sich im Schnee
verlaufen hat,
eines Rasiermessers,
liegengelassen
am Rand eines Abgrundes.

Rafael Alberti

RESTE VON ENGELN
(Zum Gedichtzyklus „Über die Engel“ von Rafael Alberti)

Ein junger Mann gerät in Verzweiflung. Er hat die Liebe, das Selbstvertrauen, die Gesundheit und die Religion verloren.
1928: Liebe. Zorn. Groll. Wut. Scheitern. Verstörung.
Die spanische Literaturszene hat ihn drei Jahre davor als die neue Hoffnung begrüßt: Nationalpreis für Literatur an den Lyriker Rafael Alberti.
... die Kinderängste, die in Böen über mich herfielen, mich überschwemmten mit Reuequalen, Zweifeln, Höllenfurcht, düsteren Echos aus jenem Jesuitenkolleg, das ich liebte und durchlitt in meiner Bucht von Cádiz ... Was tun, wie reden, wie schreien, wie Form geben dem wirren Dickicht, in dem ich mich herumschlug, wie mich wieder erheben aus diesem Katastrophenschlund, in dem ich versunken war? ... Und da offenbarten sich mir die Engel ... als unwiderstehliche Kräfte des Geistes, die sich den trübsten, geheimsten Zuständen meiner Natur anverwandeln ließen. Und in Schwärmen ließ ich sie los auf die Welt.
SOBRE LOS ANGELES. Über die Engel.
Die Engel der Kindheit werden aufgescheucht, ausgejagt aus dem vertrauten Schlag, die Nistlöcher werden vernagelt.
Fliegt! — Wir können nicht. Wie kannst du erwarten, daß wir fliegen?
Aus einer Arche der Vereinsamung wirft Alberti seine Engel über das Meer der Verzweiflung, in die schneidende Luft, nach all den Verlusten. Er will wissen, ob der leere Himmel trägt. Und wo Land ist. Das Ergebnis ist schrecklich:
Himmlische Katastrophen schleudern Trümmerstücke zur Erde, zerfetzte Flügel, Lauten, Harfensaiten, Reste von Engeln.

Kriege, im Menschen und in der Welt, vergangene und zukünftige, spiegeln sich, herzlose Menschen werden in einer Welt, die in eine neue Eiszeit taumelt, zu kopflosen Wesen; das in Kindheit und Jugend verinnerlichte Bild vom Engel wird zur Projektionsfläche.

Alberti soll Ende der zwanziger, Anfang der dreißiger Jahre zerquält ausgesehen haben, eine steile Falte auf seiner Stirn, in den Augen kein Stern. Der Engel seiner Kindheit hat die Kleider gewechselt und ist nicht mehr sichtbar: *... die Flügel sieht man mir nimmer an, ... sag mir, wer bin ich ... statt Tunika Tweedjacke und Hosen.*

Kein Dichter um diese Zeit hat die Engel so tödlich ernst genommen wie Alberti. An den Engeln hat ein Genozid stattgefunden, das ist sein Befund über eine Zeit der Unbehaustheit auf einem *ausgeleerten Stern.*

Die Bilder inniger Verkündigungsengel sind abgeschlagen von den Fassaden der Religiosität. Statt Verkündigung steht „Kündigung" über dem ersten Gedicht des Zyklus. Der Körper ist leergeworden, ein Abbruchhaus, *ohne Möbel, ohne Lagerstatt,* neue Hauseigentümer und Vermieter sind *böse grausame Engel.* Früher wohnten im Körper Unschuld, Liebe und Geliebtwerden, *er hatte eine Stadt in sich. Er verlor sie, ging selbst verloren ... Du, die beste der Städte ... und trübe wütende Engel legten sie in Staub und Asche.*

Das Ich ohne Du zieht aus in eine lähmende Abwesenheit von Ort, Zeit und Landschaft, irrt umher im Nichts, im Nirgends, im Überall. Und dem Du steht kein Ich mehr entgegen, wenn sich die stummen Engel über den Dichter beugen, *um Klarheit zu haben über meine Seele, ... um zu sehen, ob sie's noch ist.*

Aber die stummen Engel werden *sterben, stumm, ohne etwas zu wissen.* In dieser Nirgends-Geographie liegen sie dann tot in der Gegend, die Engel, wie Schuhsohlen, *die sich im Schnee verlaufen haben,* erfroren in der Kälte der Welt.

„Über die Engel“ ist kein Requiem, sondern ein Buch des Widerstandes gegen die Welt und ihren Mangel an Werten. In jedem von uns und in der Welt hat wenigstens *ein* Engel die Katastrophe, der wir täglich einen neuen Namen geben können, überlebt. Wenn auch mit *verstümmelten Flügeln.*

Und die guten Engel scheinen verschollen. Der Dichter hat aber ihre Botschaft gerettet: Hoffnung auf Gewißheit über das Kommen des Geistes.

Rafael Alberti ist einer der bedeutendsten Lyriker Europas. Die tödlichen Flüge seiner Engel in der rauchgeschwärzten Zwischenkriegsluft haben ihn politisch (die kommunistische) Partei ergreifen lassen. Lorca, Buñuel, Picasso waren seine Freunde; vierzig Jahren Exil in Argentinien und Italien folgt eine kurze, aber heftige Teilnahme an der spanischen Politik nach Franco.

Ein alter Mann mit schloßweißem Haar und samtblauer Jacke kommt ins Sinnieren:

Welch ein armer Dichter, der sich da verloren hat; was für ein Weg von den Engeln (eines meiner besten Bücher!) bis zum Dichter der Partei!

Er liebt seine Engel noch, auch nach einem halben Jahrhundert. Einem halben Jahrhundert voller Flugversuche und Flügelschläge eines Dichterengels, der vorläufiges Land gefunden hat.

Albertis Engel sind eine Spektralanalyse der menschlichen Seele mit ihrer Kraft, Ohnmacht und grenzenlosen Gefährdung.

Sie sind Spiegel, zwar nicht wie die heilige Herrschaft der Engel bei Dionysius Areopagita Spiegel vor dem Angesicht Gottes, sondern Spiegel vor dem vielfach verunstalteten Antlitz des Menschen unserer Zeit.

Engel tragen wieder das Gesicht von Menschen. □

ERINNERUNG AN DEN HIMMEL

(. . . Ein Rauschen von Küssen und Flügelschlägen . . .)

Auch schon vor,
schon lange vor dem Aufstand der Schatten,
noch ehe brennende Federn herabfielen auf die Welt
und ein Vogel den Tod erleiden konnte durch eine Schwertlilie.
Bevor, bevor du mich fragen mochtest
nach der Nummer und dem Ort meines Körpers.
Lang vor dem Körper schon.
Im Zeitalter der Seele.
Als du in der ungekrönten Stirn des Himmels
die erste Dynastie des Traums eröffnetest.
Als du, im Nichts mich erblickend,
das erste Wort erfandest.

Damals war's, da sind wir einander begegnet.

Rafael Alberti

DER GUTE ENGEL

Es kam der, den ich liebte,
der, den ich gerufen.

Nicht jener, der schutzlose Himmel fegt,
Gestirne ohne Unterschlupf,
Monde ohne Heimat,
Schnee.
Schnee, wie er einer Hand entrieselte,
ein Name,
ein Traum,
eine Stirn.

Nicht jener, der sich den Tod
ums Haar geschlungen hat.

Der, den ich liebte.

Ohne die Lüfte zu schrammen,
ohne Blätter zu ritzen oder Fenster zu rütteln.

Jener, der sich die Stille
ums Haar geschlungen hat.

Um hier, ohne mir wehzutun,
ein Flußbett lieblichen Lichts in meiner Brust zu graben
und meine Seele schiffbar zu machen.

Rafael Alberti

DIE SEHNSUCHT NACH FLÜGELN

„Unmöglich, klarer auszusprechen,
daß der Flügel ein übernatürliches Organ ist,
nämlich die Gnade.“

ÜBER DIE SEHNSUCHT NACH FLÜGELN

Allen geflügelten Wesen sind wir unterlegen. Den Götterboten, den Engeln und auch den Vögeln. Unser Körper allein kann Schwerkraft und Erdgebundenheit nicht überwinden.
Alles Leichte, Schwebende, Gelöste ist oben.
Leichterwerden als Luft ist nach Parmenides die Verwandlung vom Negativen ins Positive.
Was den Menschen hinaufhebt, trägt ihn auf Flügeln. Der Dichter *ist ein leichtes Wesen, und geflügelt und heilig*. Die Gnade ist *der Flügel* der Seele, *ein übernatürliches Organ*. Das Gebet *hebt die sehnsüchtige Seele aus ihrer nächtlichen Illusion und hüllt sie in ein sabbatliches Flügelkleid.*

„Flügel von innen — Gesang fürs andere Leben"

Nach Platon ist die Seele des Menschen in ihrem vollkommenen Zustand beflügelt, steigt empor und schwebt in den höheren Gegenden.
Geht die Seele des Flügels verlustig, sucht sie Halt an etwas Festem und umgibt sich mit einem irdischen Leib. Häßliches und Schlechtes, Vergessenheit und Trägheit lassen die Befiederung schwinden und verderben den Flügel.
Aber Heilung ist möglich. Schönheit, Güte und die Liebe zur Weisheit nähren das Gefieder, und der Flügel wird wieder tragfähig. Beim Anblick von Schönheit, etwa eines wohlgestalteten Körpers, gerät die Seele ins Schwärmen, wird durchpulst von Wärme, und um die Keime des Gefieders schmilzt all das, was sie durch Verkrustung und Verhärtung am Wachsen gehindert hatte.

Liebe.
Auffliegen will sie wieder, unbelastet vom Leib, *entlastet vom Auftrag des Ich;* auffliegen will sie ins *wunderbar einfache unaufhaltsame Empor.*

O Fittige gib uns, treuesten Sinns hinüberzugehen und wiederzukehren . . .

Das schimmernde Mosaik eines Flügels, zusammengesetzt aus Federn, ist eine Ordnung, die trägt.
Und in der Ordnung der Federn ist die Ordnung der Fahnen und Äste, und in der Ordnung der Äste ist die Ordnung der Strahlen, Gegenstrahlen und Häkchen.
Die Ordnung des Flügels ist eine Kraft, die trägt übers Ende der Welt hin.
Die Schwingen wachsen am Schulterblatt, dort wo sonst Last am heftigsten drückt;
der Ansatz der Schwingen ist der Ansatz zu letzter Freiheit.
Fliegen zu können ist höchste und letzte Sehnsucht im Leben des Menschen.
(*. . . als wüchsen mir Schwingen an . . ., . . . eh ich auffließ ins Freie . . .,*
Und befreiet, in Lüfte
Fliegt in Flammen der Geist uns auf . . .)
Die Sehnsucht, endlich einmal alles loslassen zu können, das Haltseil zu kappen, ist — je mehr wir uns ihr überlassen — eine Art *Engelserregung.*

□

Der vorangehende Text enthält Zitate von Platon, Simone Weil, Else Lasker-Schüler, Christine Busta, Henri Michaux und Friedrich Hölderlin.

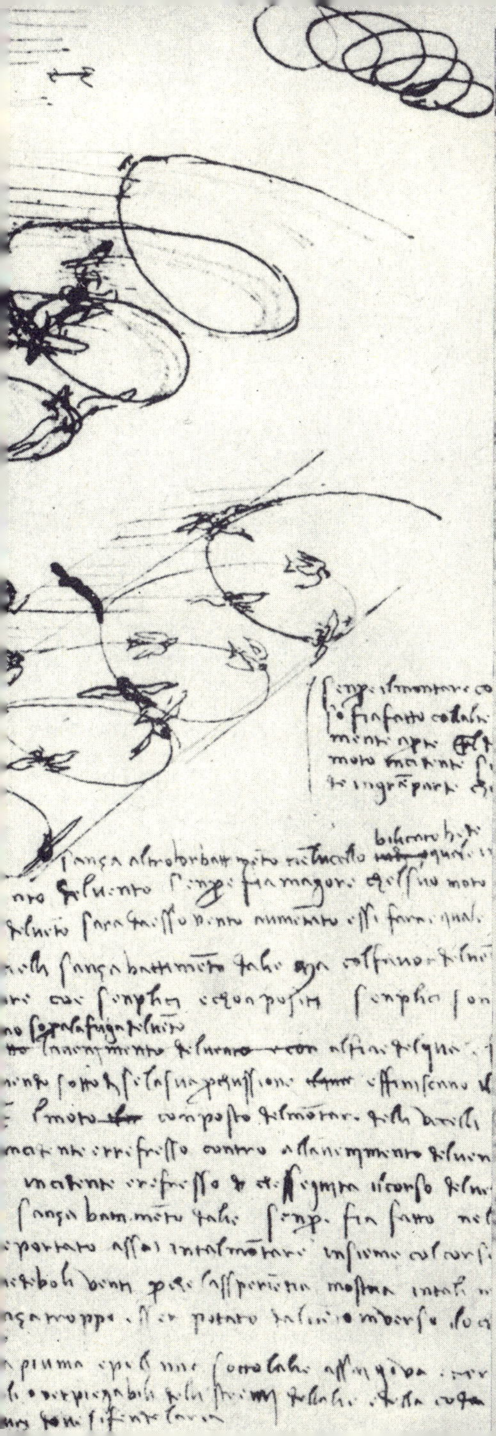

GEBET

Ich suche allerlanden eine Stadt,
Die einen Engel vor der Pforte hat.
Ich trage seinen großen Flügel,
Gebrochen schwer am Schulterblatt,
Und in der Stirne seinen Stern als Siegel.

Und wandle immer in die Nacht . . .
Ich habe Liebe in die Welt gebracht —
Daß blau zu blühen jedes Herz vermag,
Und hab ein Leben müde mich gewacht,
In Gott gehüllt den dunklen Atemschlag.

O Gott, schließ um mich deinen Mantel fest;
Ich weiß, ich bin im Kugelglas der Rest,
Und wenn der letzte Mensch die Welt vergißt,
Du mich nicht wieder aus der Allmacht läßt
Und sich ein neuer Erdball um mich schließt.

Else Lasker-Schüler

HIMMLISCHE ZEICHEN . . . FLÜGELSCHRITTE
(Zur Bedeutung der Engel bei Else Lasker-Schüler)

Risse man die Engel und die Sterne aus ihrer Dichtung, oder hätte man ihr verboten, das Wort „Engel“ immer dort zu setzen, wo sie von Liebstem reden wollte, viele Verse und Sätze wären wie Fliegen im verschlossenen Fenster geblieben. Da ist keine Grenze zwischen poetischem Bild und dem Bekenntnis visionärer Ein-Bildung. Wem das Wort „Engel“ so leicht und so ernsthaft von den Lippen kommt, der weiß, daß Leben eine Herkunft und eine Zukunft hat.

★

Es liegt Licht über den geschlossenen Augen der toten Dichterin, und Lächeln in den Winkeln ihres Mundes. Wie sollte auch plötzlich Schluß sein mit dem, das im irdischen Leben so selbstverständlich und wirklich war: dichten mit Engeln, lieben mit Engeln und leiden mit Engeln.
Else Lasker-Schüler war meist außer sich gewesen und ist dort auf die Engel gestoßen: im Verliebtsein, im Traurigsein, im Verletztsein.
Es war so wenig Ruhe in ihrem Leben und — je älter sie wurde — immer weniger Heimat.

Am Brunnen meiner Heimat steht ein Engel,
Der singt das Lied meiner Liebe

Dieser Brunnen der Heimat als die Reinheit des Kind-Seins, davor dieser wachende, singende Engel!

★

Ohne Scheu und Zurückhaltung hat sie von Engelvisionen berichtet; sie hat sich zu ihren Engeln bekannt. Viele ihr nahestehende Menschen hat sie zu Engeln werden lassen, hat sie angelisiert oder wenigstens ganz in die Nähe von Engeln gerückt. So dichtet sie der frühverstorbenen Mutter Jahre und Jahrzehnte nach deren Tod Flügel an:

Meine Mutter hat goldene Flügel,
Die keine Welt fanden . . .
Sterb ich am Wegrand wo,
Liebe Mutter,
Kommst du und hebst mich
Auf deinen Flügeln zum Himmel . . .
War sie der große Engel,
Der neben mir ging?

Als ihr kaum dreißigjähriger Sohn an Tuberkulose stirbt, das heißgeliebte Kind der Liebe zwischen zwei gescheiterten Eheversuchen, sieht sie *auch die Engel im Weinen, im Wind und im Schneeregen* (am 14. Dezember 1927).

Zehn Jahre später beschwört sie noch ihre Leser: *Ich sah, entrückt dieser Welt, nahe am heiligen Hügel meines teuren Kindes — die Engel. So wahr mir Gott helfe! Amen!*

Von den zahlreichen Freunden einer der liebsten war ihr Franz Marc, der „blaue Reiter" und Tiermaler, gefallen 1916: *Seinen Riesenkörper tragen große Engel zu Gott.*

Johannes Holzmann, Anarchist und radikaler Humanist, elend gestorben in einem zaristischen Gefängnis — in einem Gedicht der Lasker-Schüler steht er wunderbar auf: *Aber du stehst am Tor der stillsten Stadt und wartest auf mich, du Großengel . . .*

Jahrzehnte später nimmt sie einen weiteren verzweifelt zugrundegegangenen politischen Dichter in die „Flügelgemeinde“ auf und verleiht ihm Sitz und Stimme im „Engelgericht“: Ernst Toller, Seite an Seite mit dem geliebten Johannes Holzmann, genannt Senna Hoy:
Beseeligt waren die zwei heiligen Kämpfer und dankerfüllt über ihrer Flügel gradlinigen Flug. Sie waren beide herrliche Engel!
Ihre Verehrung für Menschen im politischen oder karitativen Dienst an den Mitmenschen kennt keine ideologischen oder konfessionellen Grenzen.
(Es hat nie ein Engel den zweiten gefragt, welchem Glauben er angehört.)
Auf den Tod des katholischen Sozialreformers und Armenapostels Carl Sonnenschein schreibt sie:

Ein Engel schreitet unsichtbar durch unsere Stadt,
zu sammeln Liebe für den Heimgekehrten . . .

Jerusalem. Für die Lasker-Schüler der Name des Engels, „unseres" Engels *in jedem Lande, in jedem Erdteil — sehnen wir ihn nur herbei.*
In zwei Reisen (1934 und 1937) schwärmerisch erlebt, wird Jerusalem bei ihrem dritten Besuch durch den Ausbruch des Krieges in Europa zur bitteren Wirklichkeit des Exils für ihre letzten Lebensjahre. Ihre lebenslange Sehnsucht: Jerusalem?

Ich suche allerlanden eine Stadt,
Die einen Engel vor der Pforte hat.

Stadt — Tor — Engel: davon ist in der Geheimen Offenbarung des Johannes die Rede: *Die Stadt hat eine große und hohe Mauer mit zwölf Toren und zwölf Engeln darauf . . .,* das himmlische Jerusalem. Damit die Dichterin den Engel und der Engel die Dichterin erkenne, führt sie zwei Zeichen mit sich: den

großen Flügel,
Gebrochen schwer am Schulterblatt,
Und in der Stirne seinen Stern als Siegel.

Diese Zeichen sind doppeldeutig, sie können Erwählung bedeuten, aber eher noch Einbekenntnis von Schuld und Bewußtsein von Verstoßensein. Denn der gebrochene Flügel taucht bei Else Lasker-Schüler immer wieder als ein Bild für ausgeschlagene oder verratene Liebe auf: *Eine Liebe, die unerwidert bleibt . . . brachen dem Liebesengel die Schwingen?* Und in dem schönen Gedicht „Mein Lied" heißt es:

Als an deinem steinernen Herzen
Meine Flügel brachen,
Fielen die Amseln wie Trauerrosen
Hoch vom blauen Gebüsch.

Auf einer Postkarte, geschrieben in Krankheit und Einsamkeit im Juni 1944, wird das Bild des gebrochenen Flügels verändert und dadurch noch deutlicher: *Liebe, Freundschaft sind Hände. Meine eigenen gebrochen.* Auch dem Sternensiegel, von einem Engel auf den Leib geschrieben, begegnet man an anderer Stelle in einem Gedicht voller Verzweiflung über den *Frost meines Herzens;* es heißt „Abend“ und endet mit den Zeilen:

Nun prägt in Sternen auf meine Leibsäule
Ein weinender Engel die Inschrift.

★

In Jerusalem geschrieben ist eines ihrer bekanntesten Gedichte, „Mein blaues Klavier“. Die glückliche Kindheit will sie bewahren im blauen Puppenklavier, aber die Zeit ist böse geworden und alles Erinnern Trauer. Die letzte Strophe, schlicht wie der Schlußchoral der Bach'schen Johannespassion *(Ach Herr, laß dein lieb Engelein . . .),* richtet die innige Bitte nach endgültigem Zuhause — unter Verweis auf das bittere Brot des Exils — an die Wächterengel vor dem Tor des himmlischen Jerusalem:

Ach liebe Engel öffnet mir
— Ich aß vom bitteren Brote —
Mir lebend schon die Himmelstür —
Auch wider dem Verbote.

□

MEIN BLAUES KLAVIER

Ich habe zu Hause ein blaues Klavier
Und kenne doch keine Note.

Es steht im Dunkel der Kellertür,
Seitdem die Welt verrohte.

Es spielen Sternenhände vier
— Die Mondfrau sang im Boote —
Nun tanzen die Ratten im Geklirr.

Zerbrochen ist die Klaviatür . . .
Ich beweine die blaue Tote.

Ach liebe Engel öffnet mir
— Ich aß vom bitteren Brote —
Mir lebend schon die Himmelstür —
Auch wider dem Verbote.

Else Lasker-Schüler

VISION VOM ZUSTAND NACH DEM TODE

Ich ward in einem Zustand der Empfindungslosigkeit in Rücksicht der körperlichen Sinne, somit beinahe in den Zustand der Sterbenden gebracht, während jedoch das inwendige Leben samt dem Denken unversehrt blieb, damit ich wahrnehmen und im Gedächtnis behalten möchte, was vorging und was denen geschieht, die von den Toten auferweckt werden. Ich nahm wahr, daß das Atmen des Körpers beinahe weggenommen war, während das inwendige Atmen des Geistes zurückblieb, verbunden mit einem schwachen und leisen des Körpers.

Zuerst ward nun eine Gemeinschaft in bezug auf den Herzschlag mit dem himmlischen Reich eröffnet, weil dieses Reich dem Herzen des Menschen entspricht. Es erschienen auch Engel aus demselben: einige in der Ferne und zwei nahe bei dem Haupt.

Die Mitteilung ihrer Gedanken geschah dadurch, daß sie mir ins Angesicht sahen; denn so geschehen im Himmel die Mitteilungen der Gedanken. Weil mir das Denken und Empfinden gelassen war, und zwar zu dem Ende, daß ich wissen und behalten möchte, wie die Auferweckung geschieht, so ward ich inne, daß jene Engel zuerst forschten, wohin mein Denken gehe, und daß sie mein Gemüt in diesen Gedanken festhalten wollten. Nachher wurde mir gesagt, daß der Geist des Menschen beim Verscheiden des Körpers so lange in seinem letzten Gedanken festgehalten wird, bis er zu den Gedanken zurückkehrt, die aus derjenigen Neigung hervorgehen, welche in der Welt die allgemeine oder herrschende bei ihm gewesen war.

Die Engel suchten dann mit größter Sorgfalt zu bewirken, daß von dem Auferweckten keine andere Vorstellung ausgehe, als die nach der Liebe schmeckt; dann sagen sie ihm, daß er ein Geist sei. Die geistigen Engel leisten, nachdem ihm der Genuß des Lichtes gegeben worden, dem neuen Geist alle Dienste, die er in diesem Zustand irgend wünschen mag, und unterrichten ihn über die Dinge, die im anderen Leben sind, soweit er es nämlich fassen kann. Ist er aber nicht von der Art, daß er unterrichtet werden will, so sehnt sich der Auferweckte aus dieser Gesellschaft dieser Engel hinweg; gleichwohl jedoch verlassen nicht die Engel ihn, sondern er trennt sich von ihnen. Denn die Engel lieben einen jeden und wünschen nichts sehnlicher als Dienste zu leisten, zu unterrichten und in den Himmel zu erheben; darin besteht ihr größtes Vergnügen. Trennt sich nun der Geist auf diese Weise, so wird er von guten Geistern aufgenommen, und wenn er in ihrer Gemeinschaft ist, so werden ihm auch alle Dienste geleistet. Ist aber sein Leben in der Welt so beschaffen gewesen, daß er in der Gesellschaft der Guten nicht sein konnte, so sehnt er sich auch von diesen weg, und dies so lange und so oft, bis er sich solchen beigesellt, die mit seinem in der Welt geführten Leben völlig übereinstimmen; bei diesen findet er sein Leben und führt dann, merkwürdigerweise, das gleiche Leben wie in der Welt.

Emanuel Swedenborg

Emanuel Swedenborg, geboren 1688 in Stockholm, gestorben 1772 in London; Naturwissenschafter und Theosoph; seine Visionen von Himmelsreisen und von theosophisch begründeten Vorstellungen eines erneuerten Christentums schrieb er in den Hauptwerken „Arcana Coelestia" (Himmlische Geheimnisse) und „De nova Hierosolyma" (Vom neuen Jerusalem) nieder. Von Kant wurde er in der Schrift „Träume eines Geistersehers" (1766) bekämpft. Swedenborg hat auch Flugmaschinen entworfen.

VIELLEICHT WIE KRÄHEN?

Wie sie aussehen werden die Engel
Vielleicht wie Krähen?
Wie sie uns drüben empfangen
Wenn
Sie uns empfangen?

Marie Luise Kaschnitz

DER HEILIGE SCHLEIFENENGEL

Bin in der Fremde
die ist behütet von der 8
dem heiligen Schleifenengel
Der ist immer unterwegs
durch unser Fleisch
Unruhe stiftend
und den Staub
flugreif machend —

Nelly Sachs

Ophannim. Als geflügelte und mit Augen übersäte Räder werden die Ophannim in Weiterentwicklung der „Räder" des Thronwagens bei Ezechiel (1, 15—21 und 10, 6—13) dargestellt. Die Ophannim gehören mit den Cherubim und den Seraphim zu den höchsten Engelklassen, deren Vorbilder aus dem alten Orient stammen und schon in die vorexilische Literatur des Alten Testaments Eingang gefunden haben.

GLEICHNIS

Manchmal dürfen wir rasten
in den Sonnengevierten
verlassener Mittagshöfe.

Tore wie Engel,
dunkle Flügel
nach innen geschlagen,
Offnes,
durch das wir ein- und ausgehn,
blendendes Licht
und Schattenkühle.

Abends, wenn sie sich wieder schließen,
sind wir Verbannte
oder daheim.

Christine Busta

Christine Busta, geboren 1915, lebt in Wien; ihre Gedichte sind voll zuneigender Liebe und gläubiger Menschlichkeit.

ZEILENGEBET AUS PSALMEN

Du befiehlst deinen Engeln,
mich zu behüten auf all meinen Wegen;
sie tragen mich auf ihren Händen. (91)

Dein Engel, Herr, umschirmt alle,
die dich ernst nehmen;
dein Engel befreit sie. (34)

Dein Engel, Herr, deine Flügel.

Birg mich im Schatten deiner Flügel, (17)
im Schatten deiner Flügel finde ich Zuflucht. (57)

(Die Flügel der Adlerin sind Wärme gegen die Kälte,
Kühlung gegen die Hitze, Tarnung gegen den Feind,
Festigkeit gegen den Sturm.)

Du beschirmst mich mit deinen Flügeln,
unter deinen Schwingen finde ich Zuflucht, (91)
unter deinen hochaufragenden Flügeln
— wie in deinem Zelt —
bin ich dann Gast auf ewig. (61)

Flügelgott. □

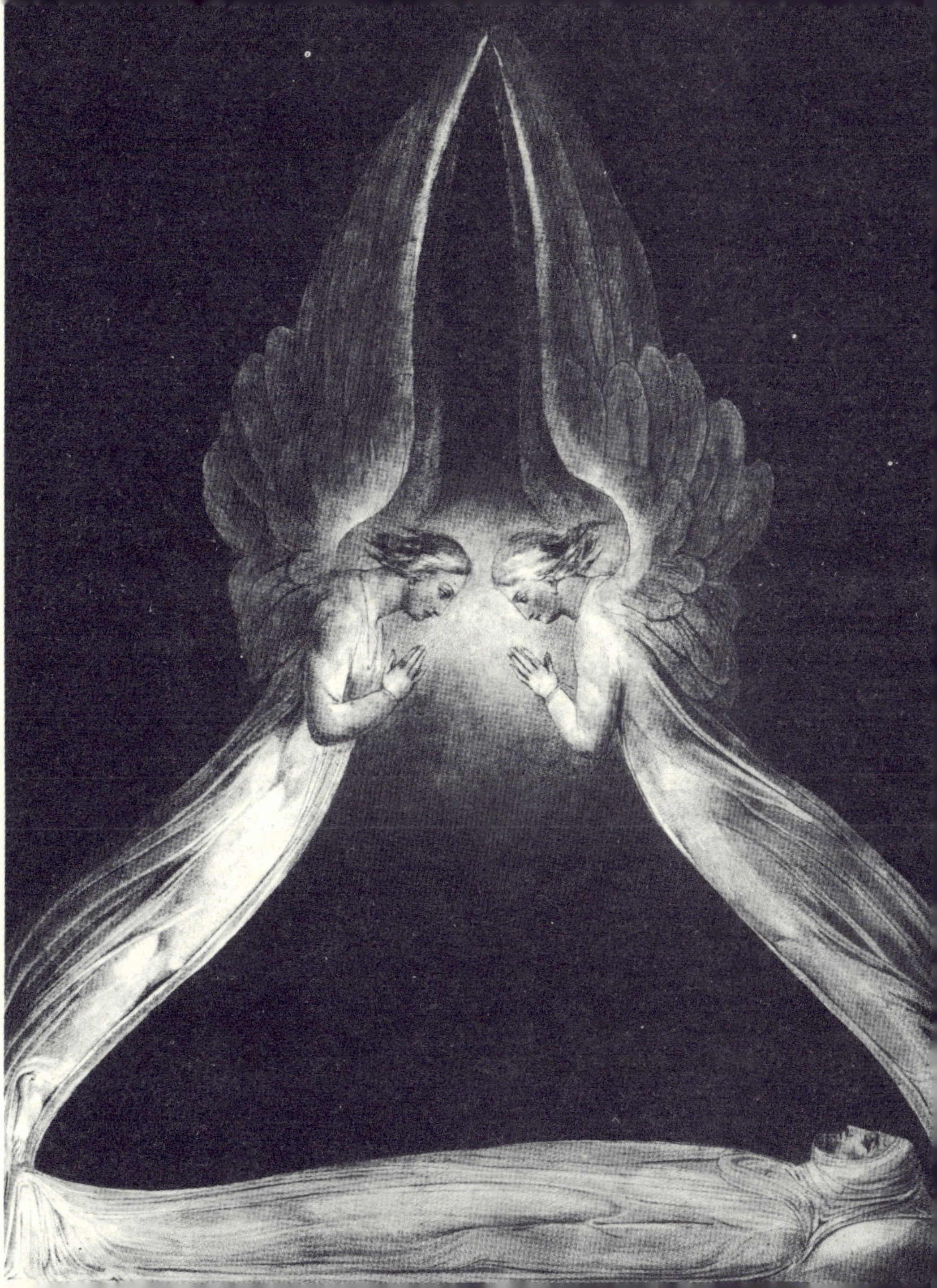

EIN ENGLISCH ANTLITZ

„Ja, wenn der Höchste wird
vom Kirch-hof erndten ein,
So werd ich Todten Kopf
ein Englisch Antlitz sein“

Daniel Casper von Lohenstein

Daniel Casper von Lohenstein, geboren 1635 in Nimptsch (Schlesien), gestorben 1683 in Breslau, deutscher Barockdichter, viele Liebes- und Hochzeitslieder, auch Dramen und Romane.

MOHAMMEDS ENGELSREISE DURCH DIE HIMMEL

Eines Nachts kommen drei Engel zu Mohammed und schneiden ihm während des Schlafs das Herz aus der Brust. Sie waschen mit Wasser aus der heiligen Quelle Zam-Zam in Mekka allen Zweifel und Unglauben aus dem Herzen, füllen es mit dem Wasser der Weisheit und setzen es wieder an seinen Ort. Nachts darauf, so erzählt der Prophet selber, habe er sich in einem Dämmerzustand zwischen Schlafen und Wachen befunden.

Plötzlich stieg Gabriel, der Erzengel, in seiner eigenen Gestalt herab, von solcher Schönheit, von einem solch heiligen Glanz, von solcher Majestät, daß meine ganze Wohnung hell erleuchtet war. Er ist von einer Weiße heller als Schnee, sein Antlitz ist strahlend schön, die Wellen seines Haares fallen in langen Flechten herab, seine Stirn schmückt ein Diadem aus Licht, auf dem geschrieben steht: Es gibt keinen Gott außer Allah. Er hat sechshundert Flügel, die mit 70.000 Körnern aus rotem Chrysolith besetzt sind.
Als er sich mir näherte, nahm er mich in die Arme, küßte mich zwischen die Augen und sagte: Oh Schläfer, wie lange willst du noch schlafen? STEH AUF! Ich will dich zärtlich führen. Fürchte dich nicht, denn ich bin Gabriel, dein Bruder.

Gabriel stärkte den Propheten mit Milch, dem *geistigen Atem* und führt ihm ein Reittier zu, die Buraq, eine Eselin mit Flügeln und mit dem Gesicht einer Frau. Darauf steigen sie zum Himmel empor, schweben über der Kaaba und fliegen dann in Windeseile zum Felsendom in Jerusalem; von dort weg führt sie eine Reise durch sieben oder neun Himmel, je nach Überlieferung. Propheten und Engel sonder Zahl säumen den Sphärenweg.

Gabriel begleitet Mohammed aber nur bis zum Lotusbaum im neunten Himmel, der markiert die *äußerste Grenze* der imaginären Welt. Doch Mohammed geht alleine weiter und gelangt in ein Tal.

Über dem Tal erblickte ich einen meditierenden Engel in seiner ganzen Herrlichkeit und Majestät und Schönheit. Als er mich sah, rief er mich zu sich. Als ich in seiner Nähe war, fragte ich ihn: Wie heißt du? Er sagte: Michael. Ich bin der Oberste der Engel. Welche Schwierigkeiten du auch immer haben magst, frage mich; was du auch immer wünschen magst, bitte mich darum. Ich sagte zu ihm: Ich habe viele Mühen und Plagen auf mich genommen, um hierher zu kommen. Aber mein Ziel war dies: zur Erkenntnis und zur Vision der Wahrheit zu gelangen. Zeige mir den Weg, der zu Ihm führt, sodaß ich vielleicht das Ziel meiner Wünsche erreichen und einen Anteil an Seiner allumfassenden Gnade erlangen kann.
Da nahm er mich bei der Hand, ließ mich eintreten und führte mich durch viele Schleier von Licht, sodaß das Universum, das ich erblickte, mit dem, was ich auf dieser Welt je zuvor gesehen hatte, nichts gemein hatte.

Dort belehrt ihn auf seine Bitte eine *Stimme ohne Stimme* und macht ihn der vollkommenen Erkenntnis fähig.
Alsbald steigt der Prophet wieder die Himmel hinab nach Mekka, in sein Schlafgemach, dort findet er eben das Wasser ausfließen aus jenem Krug, den die Eselin mit dem Huf umstieß, als sie zur Himmelsreise aufflogen. Und Mohammed sieht daran, daß sein Weg durch die Himmel nicht den Teil einer Sekunde dauerte.

□

REISEN MIT ENGELN

Jede Reise beginnt mit dem Aufbruch. Engelreden sind Aufforderungen, die Seßhaftigkeit zu verlassen und die Resignation abzubrechen.

STEH AUF, sagt der Engel zu Elija und schickt ihn auf eine vierzigtägige Wüstenwanderung. STEH AUF, sagt der Engel zu Philippus in der Apostelgeschichte und schickt ihn dem Reisewagen eines Fremden nach. SCHNELL STEH AUF, sagt der Engel zu Petrus im Kerker. Und Petrus tat alles, *ohne zu wissen, daß es Wirklichkeit war.*

Reisen mit Engeln sind Reisen zum Selbst, zur Selbst-Verständlichkeit. Nicht immer werden Einwände und Ausflüchte so kurzerhand abgetan — der Notwendigkeit zuliebe — wie bei Habakuk im Danielbuch. Der kocht gerade ein Essen für die Feldarbeiter, da fordert ihn der Engel auf, diese Speise dem Daniel nach Babylon in die Löwengrube zu bringen. Habakuk stellt sich dumm, oder er ist es tatsächlich: er habe Babylon nie gesehen, und von einer Löwengrube wisse er schon gar nichts. *Da faßte ihn der Engel des Herrn am Schopfe, trug ihn an den Haaren fort und versetzte ihn mit der Gewalt seines Geistes nach Babylon an den Rand der Grube.*

Das Wesen des Reisens ist die Zeit der Bewegung von einem Ort zu einem anderen Ort. Das Wesen des Engels ist die Allgegenwart, die Aufhebung von Zeit und Bewegung. Wenn daher Engel nach Menschenart reisen, wie im Buch Tobit, dann begeben sie sich auf eine niedrigere Stufe des Seins. Ihre Reisen sind nicht in Flugstunden und nicht in Lichtjahren zu berechnen. Engel erreichen jeden beliebigen Ort, ohne je unterwegs zu sein. Sie kennen kein Dazwischen und keine Hindernisse, sie sind *Reisen an sich.*

Was die Engel vermögen, jederzeit überall sein zu können, das vermögen die Menschen nur in der Erinnerung und im Traum.

In der Erinnerung werden Menschen fähig, jederzeit überall zu sein, wo sie schon einmal gewesen sind. Marcel Proust schrieb an einen Freund:

Ich bringe mein Leben damit zu, mich
zu erinnern . . .
Ich reise, nicht um zu sehen, sondern um
gesehen zu haben . . . Meine schönsten Über-
fahrten und Aufstiege habe ich mit geschlossenen
Augen, ausgestreckt auf dem Ruhebett — innerhalb
meines Zimmers unternommen.

□

GEFLÜGELTE ENGEL WARTEN

Ich kann es nicht erwarten
        auf die Reise zu gehn;
geflügelte Engel
        auf dem Berg Cinnabar
warten darauf, mich zu führen
        zum Heimatland der Unsterblichen
ich wasche mein Haar
        im Tal der Sonne
in der Dämmerung trockne ich meinen Körper
        unter den Neun Gestirnen
ich sauge den köstlichen Saft
        der Quelle des Fluges . . .
ich zügle meinen forschenden Geist
        und steige empor in den Dunst
umarme eine schwebende Wolke
        fliege aufwärts
und bitte den Himmlischen Wächter
        das Tor aufzuschließen
das Himmelsportal aufzurollen
        und mich einzulassen . . .

Ch'u Yuan

Ch'u Yuan ist der erste namhafte Dichter Chinas, um 350 v. Chr.

TROST

Erzengel Luzifer
ich will deinen
Ungehorsam liebkosen
die gefallenen Flügel
mit meinen gebrochenen
umarmen
dich trösten mit meinem
verwundeten Wort

Rose Ausländer

DER CHERUB HÄLT DIE FELSEN AUSEINANDER

In der Tiefe des Hohlwegs
Zwischen Gestern und Morgen
Steht der Cherub
Mahlt mit seinen Flügeln die Blitze der Trauer
Seine Hände aber halten die Felsen auseinander
Von Gestern und Morgen
Wie die Ränder einer Wunde
Die offenbleiben soll
Die noch nicht heilen darf.

Nelly Sachs

STUMME ENGEL

Bis alles so still ist, daß nachts
Im Tale des Todes wieder
Stehn an die Felsen gelehnt
Stumme riesige Engel.

Marie Luise Kaschnitz

IHRE EHERNE STRENGE

Sagt mir doch nicht
Es gäbe keine Engel mehr
Wenn Ihr die Liebe gekannt habt
Ihre rosigen Flügelspitzen
Ihre eherne Strenge.

Marie Luise Kaschnitz

DIE TANZENDEN HEILIGEN

Der Engel ist aus Pappe, etwa fünfzehn Zentimeter hoch, durch eine in seinem Rücken befindliche flache Pappstütze aufstellbar. Da steht er auf dem Refektoriumstisch, hat große silberne Flügel, gelbe Haare fallen ihm auf die Schultern, er hält ein Buch in den Händen, hat ein angestrengt süßes, rosiges Gesicht. An seine flache Brust, sein blau glitzerndes Gewand greift man, öffnet mit dem Fingernagel eines der überall verstreuten Fensterchen, jeden Tag eines, da zeigt sich Kindliches, ein Trompetchen, ein Röschen, ein Püppchen, ein Schächtelchen, alles von der römischen Mittagssonne durchglüht. Dreiundzwanzig Adventstage und Weihnachten, aber es könnte auch anders sein, ein ganzes Jahr, das neue Jahr und hinter jedem Fensterchen das, was einen da erwartet, oder wenigstens ein Fenster für jeden Monat, und zitternd öffnet man die kleinen Läden. So wie es auch sein könnte, daß ich den Vormerkkalender, den ich heute gekauft habe, nicht so fände, wie er jetzt vor mir liegt, mit lauter weißen Seiten unter den Namen der Heiligen, vielmehr gefüllt mit Eintragungen meiner eigenen Hand. Mein Jahr, mein vorbestimmtes, und wer schreckte da nicht zurück? So als erwartete sich jeder, auch der keineswegs schwarzseherische Sterbliche, nichts als Übel in den Fensterchen, zum Beispiel magere Kühe, schwarze Raben, bluttriefende Messer, das alte, kleine Skelett. Lieber auf Vorfreuden verzichten, als unerfreuliche Möglichkeiten ins Auge fassen, sodaß auch ich es dabei lasse, bei den Röschen, Bärchen, Schächtelchen, und die Seiten des Vormerkkalenders, noch ehe ich versucht habe, meine unleserliche Schrift zu entziffern, alle wieder weiß. San Luciano Martire, Santa Romana Regina, San Tomaso d'Aquino, Santa Rosalia Vergine, San

Matteo Apostolo und der König David, die alten Fürbitter in einem Kalender des Atomzeitalters, und auf den Kolonnaden von Sankt Peter noch immer die tanzenden Heiligen, die der Angst, dem Unglauben, dem Aberglauben der heutigen Menschen ihre naive und unbeirrbare Heiterkeit entgegenstellen.

Marie Luise Kaschnitz

Eine Auswahl jüngerer Literatur zum Thema „Engel“

Balthasar, H. Urs v.: „Kosmos, Engel und Menschen in der Prophetie.“ In: Die deutsche Thomas-Ausgabe, Bd. 23, München 1954.

Rosenberg, A.: „Begegnung mit Engeln.“ In: Dokumente religiöser Erfahrung, München-Planegg 1956.

Schipperges, H.: „Die Welt der Engel bei Hildegard von Bingen.“ Salzburg 1963.

Rosenberg, A.: „Engel und Dämonen.“ Gestaltwandel eines Urbildes, München 1967.

Schaefer, P.: „Rivalität zwischen Engeln und Menschen.“ Untersuchung zur rabbinischen Engelvorstellung (Studia Judaica 8), Berlin 1975.

Grether, E.: „Geistige Hierarchien.“ Der Mensch und die übersinnliche Welt in der Darstellung großer Seher des Abendlandes. Dionysius Areopagita — Dante Alighieri — Rudolf Steiner, Freiburg i. Br. 1977

Miller, C. L.: „All about Angels.“ The other side of the Spirit World. Glendale (Cal.) 1977.

Nigg, W./Gröning, K.: „Bleibt, ihr Engel, bleibt bei mir.“ Berlin 1978 (vor allem ein Bilderbuch!).

Westermann, K.: „Gottes Engel brauchen keine Flügel.“ Stuttgart 1978.

Ohne Autor: „Engel.“ Betrachtungen in Bildern und Texten. Ramerding 1980.

Kuhn, J.: „Das Kind, dem alle Engel dienen.“ Ein Weihnachtsbuch, Stuttgart 1981.

Wilson, P. L.: „Engel.“ Stuttgart, Berlin, Köln 1981.

TUMULT, Zeitschrift für Verkehrswissenschaft, Nr. 6, „Engel“, Wetzlar 1983.

Moolenburgh, H. C.: „Engel als Beschützer und Helfer der Menschheit.“ Freiburg i. Br. 1985.

Adler, G.: „Erinnerung an die Engel. Wiederentdeckte Erfahrungen.“ Herderbücherei 1245, Freiburg 1986.

Quellennachweis

Bilder

Seite 7, 15, 19, 53, 57, 87, 90: Foto Hubert Gaisbauer

Seite 12: „Vergeßlicher Engel", Paul Klee, 1939, © 1985 by Cosmopress, Genf

Seite 14: Foto Michael Gaisbauer

Seite 17: „Schwebender Eros mit Blume", griechische Schale um 530 v. Chr., Museo Archeologico Florenz

Seite 23: Weihnachtsengel, Foto Peter Strobel; mit freundlicher Genehmigung der Werbeagentur Demner & Merlicek, Wien

Seite 27: „Hildegard und ihre Nonnen werden von einem riesenhaften Engel in den Armen gewiegt", Illumination aus einer deutschen Handschrift des 12. Jahrhunderts, aus: Hildegard v. Bingen, Wisse die Wege — Scivias, Otto-Müller-Verlag, Salzburg

Seite 30: Schutzgottheit trägt einen Prinzen davon, Miniatur, türkisch, Topkapi Saray-Museum, Istanbul

Seite 33: Die „Chöre der Engel", Mosaik in der St.-Ludwigs-Kirche in Darmstadt, 70 qm, von Clarisse Schrack-Praun

Seite 36: „Abraham und die Engel des Herrn", Buchmalerei aus dem Psalter der Ingeborg v. Dänemark, um 1210

Seite 43: „Engel sind Hüter der Schwelle", Decke der Kirche von Debre Berhan, Äthiopien

Seite 45: Medaille Leone Battista Albertis von Matteo de'Pasti

Seite 46: Kantate Nr. 132, „Bereitet die Wege, bereitet die Bahn!", 1. Seite der autographen Partitur Johann Sebastian Bachs von 1715

Seite 50: „Musizierende Engel", Simon de Marmion (1425 bis 1489), „A Choir of Angels", The National Gallery, London

Seite 55: „Engel voller Hoffnung" und „Der Fels der Engel" von Paul Klee, 1939, © 1985 by Cosmopress, Genf

Seite 60: „Der Held mit dem Flügel", 1905, Paul Klee, © 1985 by Cosmopress, Genf

Seite 65: „Gott antwortet Hiob aus dem Wetter", William Blake, The National Galleries of Scotland, Edinborough

Seite 70: „Dädalus und Ikarus", Antikes Wandrelief in der Villa Albani in Rom

Seite 70/1: „Flugspiralen", Leonardo da Vinci, Codex Atlanticus Fol. 308, r 6, Biblioteca Ambrosiana, Mailand

Seite 71: „Fortuna amoris“, Peter Vischer der Jüngere (?), Erlangen, Universitätsbibliothek, Graphische Sammlung (B. 224)

Seite 75: „Schlaf und Tod tragen eine Seele in ihren unterirdischen Palast“, Detail einer Vase, 5. Jahrhundert v. Chr., British Museum, London

Seite 80: „Der Aufstieg in das himmlische Paradies“, Dogenpalast Venedig, Detail, Altar, v. H. Bosch, Holle-Bildarchiv, Baden-Baden

Seite 83: „Vogelmensch“, Foto P. L. Wilson

Seite 85: „Ophannim“ (= Räder oder Throne), aus: Christian Iconography, A. N. Didron, 1886

Seite 89: „Engel beim Heiligen Grab“, William Blake, Aquarell um 1806, The Victoria and Albert Museum, London

Seite 96/97: „Apokalyptischer Engel“, aus der Beatus-Apokalypse, Zodiaque, Saint-Léger-Vauban

Texte

Seite 9, 13f., 21ff., 29f., 35, 45, 49, 54, 61ff., 68f., 73ff., 88, 91f., 93f. (□): Diese Texte stammen von Hubert Gaisbauer

Seite 6, 84, 96: Nelly Sachs, aus: „Späte Gedichte“, © Suhrkamp, Frankfurt, 1965

Seite 8: Simone Weil, „Das Unglück und die Gottesliebe“, © Kösel, München 1953

Seite 10, 48, 82, 98: Marie Luise Kaschnitz, „Tage Tage Jahre“, © Insel, Frankfurt, 1968

Seite 11: Ilse Aichinger, aus: „Meine Sprache und ich“, © S. Fischer, Frankfurt, 1978

Seite 12, 46, 56, 96: Rose Ausländer, aus: „Die Sichel mäht die Zeit zu Heu“, „Hügel aus Äther unwiderruflich“, „Ich höre das Herz des Oleanders“, „Aschenregen“, © S. Fischer, Frankfurt

Seite 16: Platon, „Trinkgelage“, übertragen von Ute Schmidt-Berger, © Insel, Frankfurt, 1985

Seite 18ff.: Konrad Bayer, © Ida Radax

Seite 28, 31f., 34: Hildegard von Bingen, aus: Heinrich Schipperges, „Die Welt der Engel bei Hildegard von Bingen“, © O. Müller, Salzburg, 1963

Seite 42: Charles Péguy, „Das Mysterium der Hoffnung“, © Herold, Wien

Seite 52: Juan Ramon Jimenez, „Falter aus Licht“, Gedicht, übersetzt von Ernst Schönwiese, © Limes, München, 1979

Seite 59f., 64, 66: Rafael Alberti, Gedichtzyklus über die Engel, deutsch von F. Vogelsang, © Klett Cotta, Stuttgart, 1981

Seite 72, 78: Else Lasker-Schüler, „Sämtliche Gedichte“, © Kösel, München, 1966

Seite 86: Christine Busta, „Unterwegs zu älteren Feuern“, © O. Müller, Salzburg, 1965

Seite 97: Marie Luise Kaschnitz, „Überallnie“, © Claassen, Düsseldorf, 1965

WEISHEIT DER VÖLKER

Die Weisheit der Indianer ist für den westlichen überzivilisierten Menschen eine wichtige Erfahrung, die ihm zeigt, wie sehr man im Einklang mit der Natur leben und Leib, Seele und Geist zu einer Einheit formen kann.

Ausgewählt und übersetzt von Käthe Recheis und Georg Bydlinski
Paperback, 104 Seiten mit 25 Schwarzweißfotos von Edward S. Curtis
ISBN 3-210-24.741 *13. Auflage*

Der Nachfolgeband des oben genannten Erfolgstitels ist eine weitere Konfrontation des westlichen Menschen mit der unverbrauchten Weltsicht der nordamerikanischen Indianer.

Ausgewählt und übersetzt von Käthe Recheis und Georg Bydlinski
Paperback, 112 Seiten, mit 29 Schwarzweißfotos von Edward S. Curtis u. a.
ISBN 3-210-24.812

Eine faszinierende Textauswahl aus Guatemala. Dem Leser wird die besondere Mentalität und Botschaft dieses Volkes zwischen Unterdrückung und Theologie der Befreiung vermittelt.

Ausgewählt und teilweise übersetzt von Erich Hackl
Paperback, 104 Seiten mit 21 Schwarzweißfotos von Willy Puchner
ISBN 3-210-24.813

VERLAG HERDER WIEN · FREIBURG · BASEL